줄넘기 교재
이론과 실제

저자 양혜진

JUMP ROPE
Theory and Practice

상아기획

줄넘기 교재 이론과 실제

초 판 발 행 | 2023년 9월 26일

지 은 이 | 양혜진
펴 낸 이 | 문상필
편집디자인 | 권태궁, 이태진
삽   화 | 이도헌

펴 낸 곳 | 상아기획
등 록 번 호 | 제318-1997-000041호
주   소 | 서울시 영등포구 경인로 82길 3-4 (문래동 1가 센터플러스 715호)
대 표 전 화 | 02-2164-2700
홈 페 이 지 | www.tkdsanga.com
이 메 일 | 0221642700@daum.net

가격 25,000원

ISBN 979-11-86196-31-1 13690

ⓒ양혜진2023 저작권은 저자에게 있습니다. 저자와 합의해 인지는 생략합니다.
* 잘못 만들어진 책은 구입하신 서점에서 교환해 드립니다.
Printed in KOREA

줄넘기 교재
이론과 실제

JUMP
ROPE
Theory and Practice

저자이력

체육학 박사
세계 줄넘기 교육 개발원 대표

양 혜 진

연수

2006~현재
- 교원 체육 직무연수(줄넘기) 43회 100시간
- 스포츠강사 줄넘기연수 개최 30회 121시간
- 체육지도자 줄넘기연수 개최 44회 267시간
- 일반인 줄넘기연수 개최 260회 540시간

활동

2015~2020	초등교원 체육 직무연수 팀장(안양·과천, 군포·의왕, 안산, 시흥)
2015~2020	중학교 교육 과정내 스포츠 강사 직무연수 팀장
2020	경희대학교 체육대학(원)과 MOU 체결
2020	세종대학교 산업대학원 스포츠산업과 MOU 체결
2019	경기도 스포츠산업 잡·페어 줄넘기종목 담당
2019	아시아·태평양 줄넘기 챔피언십 대회 Sing Rope Freestyle(여15-16) 코치
2016	학교스포츠클럽 Double Dutch 줄넘기대회 경기규칙 감수
2014	경기도 교육청 학생 문화예술어울림한마당분과 사무장
2014	국민생활체육 스포츠종목 온라인 콘텐츠 개발 촬영
2014	스포츠7330(음악줄넘기)촬영
2013	학교 스포츠클럽(줄넘기)촬영
2011~2019	'생활체육 유공자 시상 및 비전선포식'외 90여 회 공연 연출
2008~현재	군포시 줄넘기 시범단 감독
2009~현재	창작 음악줄넘기 1,200여 편 제작

연구개발

2022	청소년 줄넘기 선수들의 참여동기와 신체적 발달요인 탐색
2021	청소년 줄넘기 선수들의 심리적 발달요인과 지속동기 탐색
2021	대회요강 분석을 통한 줄넘기 경기대회의 변화와 발전
2020	델파이 기법(Delphi)과 계층의사결정(AHP)의 적용을 통한 줄넘기선수들의 발달요인과 동인 탐색
2019	초등학생의 태권도 재미요인과 태권도 수련지속의도의 관계에서 줄넘기 재미요인의 매개 효과
2016	중·장년 여성의 여가 스포츠 활동에 따른 운동 정서가 심리적 행복감 및 생활 만족도에 미치는 영향
2020	스포츠 온라인 체육교과(줄넘기) 14편 영상제작
2014	초등교원·체육·직무연수 집필

수상

2014	전국줄넘기협회 유공자 시상 - 공로패 수상
2012~2019	전국 최우수지도자상 2회, 우수지도자상 2회
2019	경희 체육인상(사회·교육부분)
2022	한국체육학회 표창장

방송

2013~	MBN '나야나'5회 (2020.11.17.)
	sbs '스타킹'440회 (2016.03.09.)
	sbs '판타스틱듀오'25회 (2016.10.02.)
	kbs '누가누가잘하나' 555회(2016.11.10)/ 686회(2019.09.19)
	kbs 아침이 좋다(2016.10)
	유튜브 '줄넘기란?' 종목설명 인터뷰(2019.05.28.)
	우리동네 정보통(2013.01)
	군포뉴스(2015.09)

머리말

줄넘기는 여러 문화권에서 전통놀이로 내려왔으며, 현대에 와서는 다방면으로 발전 중이다. 대한민국에서는 생활체육으로 시작하여 학교체육, 전문체육으로 영역을 넓히며 국제적인 스포츠 경기종목으로 발전하고 있다.

남녀노소 누구나 참여할 수 있는 줄넘기 운동은 참여자의 신체적, 심리적 영역에 긍정적인 효과가 확인되며, 2015년 교육과학기술부가 학교체육 신체활동 종목으로 등재하였고, 2016년에는 대한체육회의 가맹단체, 2022년에는 전국생활체육대축전의 정식종목으로 채택되었다.

문화체육관광부에서 발급하는 줄넘기 생활 스포츠지도사, 유소년 스포츠지도사 국가 자격증은 줄넘기가 스포츠로써 전문적인 영역을 인정받고 있다는 것을 알 수 있다.

저자는 태권도 사범으로 수련생을 지도하며, 줄넘기를 시작하게 되었다. 보다 전문적으로 지도하기 위해, 줄넘기에 관한 정보를 다방면으로 수집하고 많은 세미나와 교육연수에 참여하며 줄넘기 전문 지도사, 심판 자격증을 취득하게 되었다. 이러한 노력을 통해 줄넘기 전문 강사로 거듭나며 많은 현장을 마주하게 되었다.

대표적으로 경기도 소재 초등학교에서 0교시 수업으로 600여 명 전교생을 동시에 줄넘기 운동을 지도하며 수업을 5년간 지속하였고, 같은 형식으로 타 초등학교 0교시 수업을 2년여간 맡아 지도하였다.
또한, 전문적인 수업이 필요한 지도자를 대상으로 체육지도자 연수 및 스포츠강사 세미나, 교사직무연수 등에 참여하여 줄넘기를 설명하고 그에 따른 지도법을 강의하였다.

다양한 사람들을 지도한 경험을 바탕으로 대상과 나이, 동작에 따른 지도법을 연구하고, 체계화하고자 끊임없이 개발하고 노력하였다.

지도법을 개발하고 적용하는 과정에 저자가 지도한 줄넘기시범단이 전국에서 다년간 우승하며 줄넘기 운동의 우수성을 널리 알리고자 여러 무대에서 줄넘기 시범 공연을 하였다. 작고 큰 무대들을 넘나들며 무대 환경에 따른 적합한 동작 구성과 연출을 선보이며, 각종 미디어에 소개되는 등, 많은 활동을 이어 왔다.

이와 같은 과정에서 줄넘기는 학문적인 이론 정립이 부족하다는 것을 알게 되었고 학문적인 정립을 위한 학술적인 노력의 필요성을 느끼게 되었다.

저자는 줄넘기 이론 정립을 위한 학문적인 연구를 수행하였고, 연구 주제로 생활체육의 일환으로 줄넘기 운동을 시작하여 전문선수가 된 청소년들을 대상으로 신체적 발달, 심리적 발달, 참여 동기, 지속 동기의 요인을 탐색하며 박사학위를 취득하였다. 또한, 줄넘기 대회의 변화과정을 탐구하여 전문운동으로서 줄넘기의 발전을 위한 학문적 탐색도 시도하였다.

이러한 연구 과정에서 방대한 자료를 수집하며, 4권의 줄넘기 전문서적을 준비해 왔다. 빠르게 발전하는 줄넘기 운동의 가치를 모두와 나누는 것이 저변확대를 위한 것으로 생각해 첫 번째 책을 출간하게 되었다.

본 저에는 줄넘기 역사와 발전, 국내•국제협회 경기종목과 현황, 종목소개와 더불어 학교체육, 생활체육, 전문체육으로 구분하고 연령에 따른 운동 효과를 비롯해 초보자를 위한 줄 길이 맞추는 법부터 단계별 운동법, 숙련자를 위한 동작 응용법, 그리고 이를 지도하는 지도자를 위한 교수법, 시범공연의 준비를 위한 가이드라인 등을 사진을 통해 설명과 지도법을 상세하게 다루고 있다.

이 책이 나오기까지 많은 시간이 필요했다. 현장에서 경험을 통한 지식을 보완하여 다시 현장에 적용해 확인하는 과정으로 이론을 체계화하였고, 줄넘기 동작을 구성하여 지도하고 분석하며, 학문적인 노력 또한 이어 왔다.

이런 책의 가치를 높게 평가하여 출간으로 이끌어주신 상아기획 문상필 사장님께 진심 어린 감사를 드리며, 오랜 시간 함께하며 성장한 군포시줄넘기시범단에게 이 책을 전하고 싶다.
그리고 현재와 미래에 줄넘기를 공부하고, 동호인과 전문선수를 육성하는 현장 지도자들에게 밑거름이 되기를 바라는 마음에 이 책의 한 페이지 바치고 싶다.

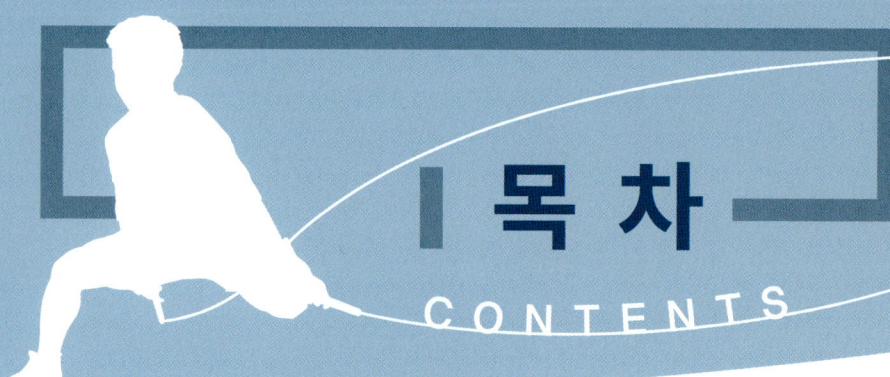

목 차
CONTENTS

I 줄넘기 이론

1. 줄넘기 운동이란 13
2. 줄넘기 변천과정 15
   1) 줄넘기역사 15
   2) 줄넘기협회 활동 17
   3) 학교체육과 줄넘기 19
3. 줄넘기 운동 효과 21
   1) 연령별 운동 효과 22
   2) 신체적 효과 22
   3) 심리적 효과 24
   4) 사회적 효과 25
4. 줄넘기 경기 26
   1) 생활체육 대회 26
   2) 전문체육 대회 33
   3) 전국 줄넘기대회 종목별 최고 기록 38
   4) 세계 줄넘기 선수권대회 종목별 최고 기록 39
   5) 세계 줄넘기 선수권대회 국가별 경기 결과 41
5. 줄넘기 종목 구분 및 용어 42
   1) 개인 줄넘기 42
   2) 짝 줄넘기 45
   3) Double Dutch(쌍 줄넘기) 48
   4) 단체 (긴)줄넘기 50
   5) 음악 줄넘기 52
   6) 경기방법 53
   7) 줄넘기 종류 54

II | 줄넘기 실기

1. 개인 줄넘기... 59
   1) 개인 줄넘기의 특성 및 유의사항............................. 59
   2) 준비자세.. 61
2. 짝 줄넘기.. 72
   1) 짝 줄넘기의 특성 및 유의사항................................... 72
   2) 2인 1줄 맞서서뛰기... 74
   3) 2인 1줄 옆나란히뛰기... 78
   4) 2인 1줄 번갈아뛰기... 81
   5) 2인 2줄 아메리칸 휠... 84
   6) 2인 2줄 차이니즈 휠... 87
3. 긴 줄넘기.. 92
   1) 긴 줄넘기의 특성 및 효과, 유의사항..................... 92
   2) 긴 줄 출입법... 95
4. 장단 복합 줄넘기.. 102
   1) 장단 복합 줄넘기 특성 및 유의사항..................... 102
   2) 긴 줄넘기 안으로 개인 줄넘기 출입..................... 104
   3) 장단 복합 개인 줄넘기... 108
   4) 장단 복합 여러 줄넘기... 113
   5) 장단 복합 출입 줄넘기... 120
5. Double Dutch(쌍 줄넘기)... 126
   1) Double Dutch(쌍 줄넘기)특성 및 유의사항....... 126
   2) Double Dutch (쌍 줄넘기)를 돌릴 때는............... 128
   3) 출입법.. 130
   4) 줄 넘기... 138
   5) 개인 줄넘기... 141
   6) Power Skill Frog... 145

      7) 어깨 다리 올리기... 147
      8) Turner(터너)... 149

III 줄넘기 작품의 정의와 음악 줄넘기

1. 줄넘기 작품의 정의.. 153
2. 줄넘기 작품의 특징과 분류... 153
   1) 줄넘기 작품의 특징... 153
   2) 줄넘기 작품의 분류... 154
3. 음악 줄넘기... 156
4. 창작 음악 줄넘기.. 158
5. 프리스타일(Freestyle) 줄넘기.. 161

IV 줄넘기 시범공연

1. 공연 예술로써 줄넘기 시범공연... 167
2. 시범의 구성원리.. 170
   1) 시범의 구성원리... 170
   2) 시범의 구성요소... 174
3 시범공연 줄넘기 안무구성.. 176
   1) 기본 동작을 통한 안무 구성법...................................... 176
   2) 기본 동작을 응용한 루틴 예시...................................... 190
4. 공간을 활용한 시범 구성... 191
   1) 실내.. 191
   2) 실외.. 199
   3) 특설무대... 202

참고문헌.. 207

I

줄넘기
이론

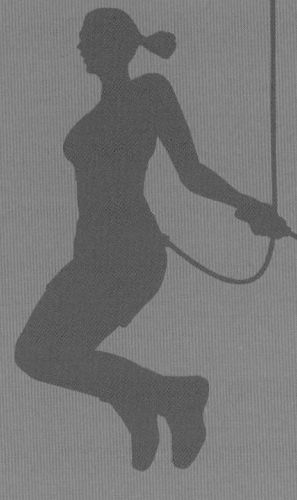

I. 줄넘기 이론

교육목적
줄넘기의 형성배경과 용어 정의를 알아보고 줄넘기의 특징과 효과를 정확히 인지할 수 있다.

1 줄넘기 운동이란

줄넘기는 줄의 돌림과 도약의 연속적인 형태로 리듬, 타이밍 감각을 통해 운동 기술의 특이성 없이 누구나 즐겁고 쉽게 시작할 수 있는 운동으로, 운동능력 수준과 관계없이 스포츠 유능성이 낮은 사람들도 안전하게 참여할 수 있는 신체운동이다.

줄넘기는 줄을 넘는 하나의 놀이 형태로 시작하여 발동작과 스텝, 회전 동작으로 수백 가지의 기술 동작 연출이 가능하며, 두 사람 이상 짝을 이루거나, 여럿이 함께하는 팀 연출이 가능해 개인 운동, 체력 운동, 단체 운동 그리고 레크리에이션으로 다방면 활발하게 이루어지고 있다.

줄넘기 운동은 무엇보다 자신의 운동목적에 따라 운동강도 및 운동 속도를 조절할 수 있어 체력 향상부터 협응력 증진, 운동능력, 키 성장 및 다이어트 등 신체적 발달 향상에 도움이 된다.

또한, 모든 운동의 기초로 운동량이 부족한 학생들에게 기초 체력 향상과 스트레스 해소 및 심리적 긍정적인 효과가 있다는 연구 결과가 지속해 발표됨에 따라 2009년 초·중등학교의 체육과 교육과정에 편성하여 운영하도록 하였고, 학생들이 누구나 참여할 수 있는 운동 종목이자 유산소 운동의 탁월한 효과로 2015년 교육과학기술부에서는 신체활동 종목으로 등재하였다.

　국민 건강증진의 일환으로 성인을 대상으로 한 줄넘기 사업을 통해 동호인들이 증가하였고, 이러한 동호인들이 참가하는 전국단위 줄넘기 클럽 대항 대회가 매년 개최되며 생활 스포츠 종목으로 자리매김하여 2022년 8월 전국 생활체육 대축전 정식종목으로 첫 대회를 개최하였다.

　줄넘기 종목은 학교체육, 생활체육, 전문체육 종목으로 줄의 길이와 회전 형태, 경기 시간에 따라 구분한다.

　문화체육관광부에서는 2015년 줄넘기 유소년스포츠지도사 자격증을 시작으로 2022년 줄넘기 생활 스포츠지도사 자격증 시험이 시작되었고, 2016년 6월 대한체육회 가맹 경기단체로 단일 경기종목으로서 가치를 인정받으며, 전문체육 분야도 빠르게 발전하고 있다.

　양발모아뛰기 기본동작부터 고난도 기술 동작을 통해 초보자부터 숙련자까지 모두 운동이 가능하며, 줄을 넘는 재미로 즐겁게 운동을 지속할 수 있기에 다양한 연령대의 많은 사람들에게 권장되고 있다.

　도약을 통해 줄을 넘으며 성취감을 느끼는 등 심리적, 신체적인 성취 경험을 통해 자신감 향상, 신체적 자기효능감의 향상, 심리적 안정, 스트레스 해소와 같은 심리적인 변화가 일어나 삶의 만족감에 긍정적인 영향을 주는 개인 만족감이 높은 운동이다.

　최근 사람들의 생활 수준이 향상되면서 건강과 신체적 매력에 대한 관심이 증대되었다. 이로 인해 운동에 대한 참여 동기가 높아졌고, 바쁜 현대사회에서 종목을 선택함에 있어 운동수행 방법, 효율성과 함께 시간적, 경제적, 생활 문화적 요소 등, 다양한 요인을 고려하게 되었다.
　줄넘기는 줄넘기 하나만 있으면 되는 장비의 간편성과 공간 제한 없는 편의성을 가지고 있다.

　짧은 시간 내의 충분한 운동량으로 신체 발육을 촉진하고, 생활 속에 안전 능력을 길러주며,

운동기능을 발달시켜 몸을 조화롭게 향상시킬 수 있는 장점을 갖고 있다.

체력향상과 질병예방의 기초적인 밑거름이 되는 건강 운동으로써 줄넘기 운동은 현대인들에게 정신적, 신체적으로 매우 적합한 운동이라 할 수 있다.

2 줄넘기 변천과정

1) 줄넘기 역사

줄넘기 운동은 인류 역사와 더불어 시작되었다고 해도 과언이 아닐 것이다. 인간은 생존을 위해 도구를 만들어 사용하였고 이러한 도구는 줄이나 끈으로 발전하였다. 줄은 생활에 밀접한 도구이자 일상생활 속에서 어린이들의 친숙한 놀잇감으로 사용되었고, 줄을 이용한 놀이는 도약의 본능이 어우러져 뛴다는 행동이 접목되어 줄넘기 운동이 탄생되었다고 볼 수 있다.

이에 역사적 관점에서 줄넘기라는 운동을 바라본다면, 사람이 가진 도약의 본능이 줄이라는 도구를 만나 아이들에 의해 놀이로서 자연적으로 발생한 것이 줄넘기임을 생각할 때, 줄의 역사와 그 기원을 함께 하고 있다고 보는 것이 통설이다.

우리나라의 경우 오늘날의 줄넘기와 비슷한 형태를 가진 놀이의 기록은 조선말에 찾아볼 수 있는데, "새끼줄(짚을 꼬아 만든 줄)을 여러 겹으로 꼬아 두껍고 길게 만들어 양쪽에서 줄의 끝을 잡고 빙빙 돌리면서 여러 명의 어린이가 차례로 뛰어 들어가 줄을 넘고 반대쪽으로 나가는 것으로 줄 속에서 여러 번 뛰어넘을 수도 있어 줄을 넘으면서 몸의 방향도 바꾸고, 앉았다 일어났다 하며 자세도 바뀌었다(손형구, 김복현, 이충섭, 1988)."고 문헌에 기록된 바 있다.

해외의 기록을 보면, 유럽의 여자 스포츠의 문헌인 '여성의 체조'에서 줄 끝을 기둥에 매어 다른 한쪽의 줄을 잡아 돌리면서 여성들은 줄을 뛰어넘고 줄을 돌리는 사람의 주변을 돌고 있다고 기록하였으며, 스위스 동판 화가는 줄넘기하고 있는 어린이들의 모습을 작품에 표현하기도 하였고, 영국에서는 맥주 원료인 호프의 줄을 사용하여 줄넘기를 했다고 전해지고 있다.

독일에서는 청소년을 위한 체조에 줄넘기 운동 시 줄의 재질과 구조에 대하여 언급하였으며 다른 저서에는 "체조입문서", "독일 체조의 개요"에서 짧은 줄(stick)과 긴 줄(seil)등으로 구분하여 적당한 도약 방법을 제시하고 줄 체조를 시도하였다고 하며, 일본과 중국에서도 어린이들이 흔히 긴 줄넘기 놀이를 즐겼다는 기록이 있다.

이렇듯 줄넘기는 동서양을 막론하고 수 세기 동안 전 세계에서 사회, 일상생활 속에 친숙한 놀이로 알려져 왔다. 오랜 역사를 가진 줄넘기는 1960년대에 이르러 학문적 연구를 통해 그 효과를 검증한 바 있으며 최근까지도 활발한 연구가 진행 중이다. 세부적으로 살펴보면 1960~1970년대에는 줄넘기의 신체활동 가치를 부여하기 위한 운동 강도 설정과 관련된 연구가 이루어졌다. 이 연구에서는 줄넘기 동작(Rope Skipping Type)에 따른 에너지 소모량의 차이는 있지만 평균적으로 10 METs 이상으로 중·강도의 신체활동을 증진시키는 것으로 논의되었다. 1980년대에는 Pitereli와 O'Shea(1986)는 줄넘기 운동의 운동학적 특성에 대해 연구하여 줄넘기 동작에서 점프 동작에서의 신장성 수축과 착지 동작에서 단축성 수축을 주관하는 근육의 EMG 특성에 대한 보고가 이루어졌다.

줄넘기를 널리 보급하고자 벨기에, 스웨덴, 호주, 미국 등 선진국을 주축으로 줄넘기의 활성화를 위해 줄넘기협회가 결성되었으며, 캐나다 줄넘기협회와 (CAS), 국제 줄넘기연맹(FISAC-IRSF), 세계 줄넘기연맹(WJRF), 미국 아마추어 줄넘기협회(USAJRF), 세계 줄넘기협회(WRSF), 줄넘기 국제관리 기구(IJRU)가 높은 인지도를 가지고 활동하고 있다. 국내에서는 1991년 최초로 협회가 결성되어, 현재는 대한민국 줄넘기협회, 사)대한 줄넘기협회, 사)한국 줄넘기협회 등 다수의 협회가 활동하고 있다.

이러한 줄넘기협회들은 지속적으로 전국단위의 강습회, 세미나 및 연수를 통해 줄넘기 전문지도자, 심판을 양성하여 줄넘기의 지속적인 참여를 독려하고 발전을 도모하기 위해 시, 군, 지역별로 줄넘기협회를 조직하여 동호회 회원은 물론 일반인들이 참여할 수 있는 대회를 매년 실시함으로써 줄넘기 운동의 활성화 및 보급에 앞장서고 있다.

2) 줄넘기협회 활동

1991년 국내에서 줄넘기협회가 최초로 형성된 것과 같이 세계적으로 줄넘기협회를 창단했으며, 1996년에는 International Rope Skipping Faderation(FISAC - IRSF)가 창립되어 1997년 시드니에서 첫 국제대회 세계선수권대회를 개최하는 성과를 거두었다. 이후 2009년에는 World Jump Rope Federation(WJRF) 창립되어 생활체육으로서 세계클럽대항대회가 이루어졌다.

그 외 줄넘기협회로는 미국 아마추어 줄넘기협회(USAJRF), 아메리칸 더블덧치 리그(ADDL), 캐나다 줄넘기협회(CAS), 일본 줄넘기 경기연맹(INF), 일본리듬줄넘기협회(AJRS), 국내는 대한민국줄넘기협회, 사)한국줄넘기협회 등 여러 줄넘기협회에서 줄넘기 운동을 권장하며 신체적 건강을 도모하고 저변의 확대에 목적을 두고 줄넘기를 보급하고 있다.

줄넘기협회는 줄넘기대회를 개최하면서 오랜 기간 동안 경기 방식에 있어 많은 시행착오를 겪으며 기술적 발전과 채점방식을 연구하였고, 줄넘기의 길이와 회전 형태에 따라 Single Rope, Twins Rope, Double Dutch, Long jump rope, BGM Jump Rope 종목 등으로 분류하였다. 또한, 기록측정 방식인 Speed 종목과 엔터테이먼트 부분부터 난이도, 프리젠테이션, 필수요소를 세부적으로 분류하여 기술루틴을 표현하는 Freestyle종목의 채점 기준을 세우고, 난이도에 따라 레벨을 부여해 상위 레벨을 실수 없이 수행할 때 높은 점수를 받는 방식으로 발전해왔다.

2018년 2월, 국제줄넘기연맹(FISAC - IRSF) 와 세계 줄넘기연맹(WJRF) 이 줄넘기 올림픽 채택을 목표로 합병하여 International Jump Rope Union (IJRU)로 단체로 발촉되었다. 이듬해 새로운 단체가 된 IJRU는 GAISF에 옵저버로 가입을 하였다.

국내의 경우, 그동안 대한줄넘기총연맹(구 한국줄넘기협회)가 International Rope Skipping Faderation(FISAC - IRSF)의 국가협회로 승인을 받아 국제대회를 2001년 제1회 아시아줄넘기선수권대회를 시작으로 1회(2001년), 6회(2006년)대회를 성공적으로 개최

하였다.

2016년 국민생활체육 전국줄넘기연합회가 대한체육회 가맹 경기단체로 정회원이 되면서 대한민국줄넘기협회로 출범하였다. 이로서 세계연맹 대회 독점 교섭권을 갖게 되었고, 줄넘기로는 전 세계 3개 국가밖에 없는 GAISF 승인단체로 등록되었다.

2016년 대한민국줄넘기협회로 출범되면서 2016, 2017, 2018, 2019년 전국생활체육 대축전 시범종목으로 대회를 개최하였으며, 2022년 정식종목으로 채택되어 지난 8월 전국생활체육 대축전 줄넘기대회를 개최하였다.

국가 자격증인 줄넘기 유소년스포츠지도사 자격증이 2015년을 시작으로, 2022년 줄넘기 생활스포츠지도사 자격증이 시작되어 활발하게 이루어 지고 있다.

이어서 국가적으로 선발된 선수들이 참가하는 세계줄넘기선수권대회(World Championship)는 1997년 호주에서 제1회가 개최되었으며, 미국, 한국, 스웨덴, 헝가리, 벨기에, 캐나다, 덴마크, 호주가 참가한 8개 국가가 출전하였다. 이 대회는 2년마다 개최국을 선정해 전 세계 줄넘기 선수들이 참가하는 축제의 장으로 1999년 2회 미국, 2001년 3회 한국, 2002년 4회 벨기에, 2004년 5회 호주, 2006년 6회 캐나다, 2008년 7회 남아프리카, 2010년 8회 영국, 2012년 9회 미국, 2014년 10회 홍콩, 2016년 11회 스웨덴, 2018년 12회 상하이에서 개최되었다(FISAC – IRSF, 2020).

합병된 국제기구 IJRU는 2020년 대회는 캐나다에서 개최 예정이었으나 코로나19로 인해 2021년 온라인으로 IJRU VWC 시리즈 2021 세계선수권대회가 개최되었다. 1,362명의 선수, 200명이 넘는 심사 위원, 그리고 2,944명의 비디오 제출되어 토너먼트형식으로 진행되었으며 신흥 조직으로서 큰 위업을 발휘하였다.

IJRU의 회원국으로는 65개국은 아프리카의 보츠와나, 케냐, 모르코, 모잠비크, 나이지리아,

르완다, 소말리아, 남아프리카 공화국, 에스와티니, 탄자니아, 우간다, 잠비아, 아시아는 중국, 홍콩, 인도, I.R., 이란, 일본, 카자흐스탄, 대한민국, 키르기스스탄, 마카오, 말레이시아, 네팔어, 필리핀, 파키스탄, 싱가포르, 타이페이, 태국, 우즈베키스탄, 유럽은 오스트리아, 벨기에, 크로아티아, 체코, 덴마크, 필란드, 프랑스, 독일, 그리스, 헝가리, 이탈리아, 몰타, 네덜란드, 포르투갈, 러시아, 슬로바키아, 스페인, 스웨덴, 스위스, 팬 아메리카는 안티구아와 바부다, 아르헨티나, 바베이도스, 버뮤다, 브라질, 캐나다, 콜롬비아, 과테말라, 가이아나, 멕시코, 파나마, 페루, 푸에르토리코, 트리니다드 토바고, 미국 오세아니아는 오스트레일리아가 되어있으며 다른 국가들도 회원이 되기 위해 절차를 밟고 있어 앞으로 줄넘기의 세계화가 더욱 기대된다.

3) 학교체육과 줄넘기

학교체육에 있어 체육교과는 건강한 생활을 통한 삶의 질적 향상에 기여하며, 특히 성장기에 있는 청소년의 건강증진, 체력향상과 운동능력 신장, 그리고 사회성 발달 및 도덕성 함양에 매우 중요한 역할을 한다. 줄넘기 운동은 가장 손쉽게 접하고 익힐 수 있다. 특히 학생들은 운동능력이 각기 다르기 때문에 개인 수준별 운동이 가능한 줄넘기가 학생들의 신체 능력에 따라서 수준별 운동이 용이하다.

또한 유치원부터 초, 중, 고 학생에 이르기까지 친숙한 운동 종목 중에 하나로 다른 체육종목에 비해 연령에 관계없이 쉽게 배울 수 있는 장점이 있다. 현재 학교 체육교육과정 프로그램으로 짧은 시간 내 풍부한 운동량으로 줄넘기 급수제, 음악 줄넘기, 단체 줄넘기 등 학생들로부터 많은 흥미와 관심을 이끌며 2011년 교육과학기술부의 학교스포츠 클럽 현황에서는 가장 많은 클럽수와 학생 수를 보유하였다고 하여 학교체육의 대표성을 가지고 있다고 할 수 있다.

특히 청소년기에 만들어진 체력은 성인이 되었을 때 건강한 삶을 유지 할 수 있는 원동력이 되고, 생활 습관병 예방 및 사회생활 적응에 중요한 역할을 하기 때문에 청소년기의 체력을 최대한 향상시켜 놓을 필요가 있다. 운동은 학생들의 신체적 건강을 증진 시킬 뿐만 아니라 두뇌를 활성화 시키고, 심리적 안정을 가져오며 학업적 측면과도 밀접하게 연관된다.

이에 교육단체가 줄넘기 운동은 초등학생들의 기초체력 향상에 매우 긍정적인 효과가 있음을 인지하며, 이를 기초로 초·중등학교 2007개정 체육과 교육과정(교육인적자원부 고시 제5007-79호)과 2014년 초등학교 3, 4학년부터 단계적으로 시행되는 2009개정 체육과 교육과정(교육과학기술부 고시 제2011-361호)에서도 학생들의 흥미를 고려하여 체육교육과정에 편성, 운영하도록 권장하고 있다.

많은 학습량과 안전을 이유로 체육활동이 부족한 학생들과 전문선수들의 체력 증진을 위해 줄넘기 운동을 권장하며, 학교체육으로 학생들이 쉽게 접할 수 있는 유산소 운동으로 줄넘기 운동이 신체활동 종목으로 등재(교육부, 2015)되었다.

학교체육으로 시, 도 전국단위로 이루어지는 전국학교스포츠클럽대회는 2011년 음악 줄넘기로 시작하였지만, 심판주관에 따라 채점이 달라지는 문제점이 제기되어 2013년 단체전 기록경기로 전환되었다. 단체전 경기종목은 초등학생부터 중, 고등학생까지 참가하는 긴 줄 8자 마라톤, 긴 줄 4도약, 긴 줄 들어가 함께 뛰기 등이 있다.

초등학교에서는 수준별 급수 줄넘기 및 방과후 줄넘기 교실, 중학교는 음악 줄넘기를 수행평가로 실시하며, 중, 고등학생을 대상으로 매년 교육장배 단체 줄넘기와 전국학교스포츠 클럽대회가 개최되면서 경기형 줄넘기부터 생활체육 및 학교체육으로 널리 활성화되어 보급되고 있다.

줄넘기 운동을 통해 기초체력 증진과 신체에 대한 만족도가 높아지면서 자기 개념에 긍정적인 영향을 줄 것을 기대하고 있다.

3 줄넘기 운동 효과

 줄넘기는 단 하나의 줄넘기 도구로 수백 가지의 기술 동작 연출이 가능하며 두 사람 이상 짝을 이루거나 긴 줄넘기로도 팀 연출이 가능하기에 개인 운동, 체육훈련, 그리고 레크리에이션이나 오락으로도 활용되고 있다. 뿐만 아니라 단시간에 전신운동이 가능하고 뛰는 방법과 시간, 회전수를 다양하게 할 수 있으며, 줄의 종류와 운동의 목적에 따라 운동방법이 다양하다. 그리고 일상생활에서 접근성이 편리하여 누구나 쉽게 줄넘기 운동에 참여 할 수 있고, 신체적, 심리적 발달에 긍정적인 영향을 미치기에 다양한 이유로 참가자들이 운동참여가 지속적으로 이루어지고 있다. 이에 다음과 같이 줄넘기를 통한 연령별, 신체적, 심리적, 사회적 발달을 기대할 수 있다.

1) 연령별 운동 효과

(가) 어린이

줄넘기는 수직점프 동작이 포함된 유산소운동으로 도약을 통해 무릎과 발목에 가해지는 자극은 성장 호르몬의 분비를 높여주는 동시에 성장판을 자극해 뼈 길이의 성장과 근육 단백질의 합성을 촉진시킨다. 자신의 신체능력에 맞는 줄넘기 운동은 유산소운동, 근력운동, 유연성운동이 기능적으로 조율이 가능해 성장 호르몬의 분비가 안정시 보다 25~45배까지 증가하여 성장기 아이들의 키 성장을 촉진 시켜준다.

청소년이 쉽게 참여할 수 있는 음악 줄넘기는 리듬감 향상 및 균형감 및 민첩성 향상, 재미를 통한 유희성 향상에 효과가 있으며, 스스로 운동량을 조절하는 안전성과 심폐계, 근골격계에 자극을 줄 수 있어 운동 효율성을 높여준다.

(나) 성인

줄넘기 운동은 전족으로 착지하는 동작을 반복 수행하기 때문에 관절감각이 향상되고 골다공증을 예방하는 효과가 있다.

줄을 넘기에 근육 중심의 운동이며 줄 돌림과 도약을 통해 탄력성과 유연성을 길러주며 신체 전후, 좌우, 상하 모두 움직일 수 있어 몸을 조화롭게 발전 시켜준다. 또한 스스로 운동목적 설정이 가능하고 줄넘기 스텝과 체조동작을 응용하여 운동강도 및 속도를 조절할 수 있어 체력 향상은 물론 다이어트에 효과가 있다.

2) 신체적 효과

자신의 체력수준에 맞게 운동강도와 운동방법을 조절하는데 용이한 줄넘기 운동은 칼로리 소모에 대단히 효과적이다.

1분에 120회 정도의 속도를 유지할 경우 한 시간에 720칼로리가 소비되고, 10분간 수행된 줄넘기 운동은 조깅 30분을 실시한 것과 같은 효과가 있어 지속적으로 수행할 시 체지방량 감소에 탁월한 것을 알 수 있다.

두 손으로 줄넘기를 돌려 양발로 뛰어넘는 것을 반복 수행하는 줄넘기의 기본동작은 골반의

좌,우 기울기 개선에 효과적이고, 균형감각을 증가시킨다.

줄넘기의 움직임은 앞 축을 이용한 상하운동 중심으로 발목, 허벅지, 무릎, 허리와 같은 하체 근육과 관절을 고루 강화시켜주며, 수직점프 동작을 반복 수행하기 때문에 특히 다리의 근육과 신체 중심부분의 결합된 힘을 사용한다고 할 수 있다.

요추, 골반 및 복부 주변의 근육으로 이루어진 중심부위 움직임에 안전성을 높이고 피로를 감소시켜주며, 리드미컬한 작은 도약의 연속적인 줄넘기 동작은 성인의 골다공증을 예방하고 성장기에 있는 청소년의 성장발달을 촉진 시킨다.

- 체내의 산소 사용량을 증가시켜 폐의 기능을 강화시키고 건강증진과 관계가 깊은 심폐 기능계, 심장 혈관계에 영향을 미친다.
- 심폐기능과 근육을 강화하고 열량소모량을 증가시킴으로써 운동 후 체내에 축적되는 젖산의 발생량을 감소시켜 준다.
- 유산소성 운동능력 향상으로 열량소모량을 증가시킴으로 체지방 감소에 도움을 준다.
- 높은 유산소 운동을 통하여 심장과 폐를 강화하며, 신경계를 발달시키고 질병에 대한 면역력을 강화할 수 있으며 피로회복이 빠르고 면역력이 증가되어 몸을 건강하고 활력 있게 만들 수 있다.

● 신체적 효과(학술연구)

- 이민철(2007): 줄넘기 운동을 실시하여 성장예측지수(Adult Height Prediction; AHP)를 관찰한 결과 12주간 중강도 줄넘기 운동은 남자 초등학생의 AHP를 상승시킴
- 변재철. 김동원(2018): 음악줄넘기 운동이 초등학교 아동들의 골밀도, 건강체력, 정적 평형성 및 신체구성에 긍정적인 효과
- 김유집(1995): 남자 중학생을 대상으로 8주간의 줄넘기 운동을 실시한 결과 지구력(심폐지구력, 전신지구력, 근지구력) 발달에 상당한 효과
- 조성봉, 배성언(2010): 줄넘기 운동이 지적장애동의 골반교정, 복부비만에 긍정적인 영향
- 김태영, 이광무(2005): 초등학생을 대상(16주간의 줄넘기 훈련 프로그램) 체격지수와 신체구성에 긍정적인 효과
- 김보균, 박인성(2013): 줄넘기 운동이 비만 성인의 신체조성과 건강관련체력에 미치는 영향에 긍정적인 효과
- 최대혁(2004): 줄넘기 운동 형태에 따른 에너지 소비량 및 대사적 변화
- 양혜진, 임신자(2022): 청소년 줄넘기선수들의 참여동기와 신체적 발달요인 탐색

3) 심리적 효과

줄넘기 운동은 기본적으로 줄이라는 장애물을 뛰어넘어야 하는 운동으로 장애물을 뛰어넘는 행위를 통해 도전하고자 하는 의지력과 인내심을 길러준다. 또한 이러한 행위의 반복은 성취감을 얻게 하여 자신감을 함양하고 자신에 대한 자부심을 가지게 하여 감정의 균형을 잡아 건강한 정신으로 심리적 행복감에 긍정적인 영향을 가질 수 있다.

특히 줄넘기 운동의 가장 큰 특징 중 하나는 자신의 수준에 맞게 줄을 넘으며 방법과 연습을 통해 지속적인 운동 수행이 가능하다는 것이다. 자신의 수준에 맞는 운동 수행은 성취 가능성 있는 목표를 향해 움직이게 되고 집중력을 대변하는 집행기능(executive function specifically) 개선(Davis, Tomporowski, Boyle, Waller, Miller, Naglieri, & Gregoski, 2007)하게 되어 집중력의 상승을 기대할 수 있다. 이러한 집중력의 상승은 운동수준을 높게 해주어 점차적으로 Rope Mix Skill, Releases Skill등과 같은 전문기술을 익혀가며 재미와 만족감을 느낄 수 있어 장기적인 운동수행이 가능하게 한다. 또한 줄넘기 운동 참여 정도가 높을수록 운동 만족도가 높아지고 자신의 신체에 대해 긍정적인 느낌을 받음으로써, 심리적인 요인에 긍정적인 영향을 미친다

● 심리적 효과(학술연구)

- 양균승, 양갑렬(2006): 아동의 줄넘기 운동 참가와 정서발달 및 자아존중감과의 관계에 긍정적인 효과
- 김지훈, 김종원, 김지현, 김도연(2019); 줄넘기를 통한 일체감과 협동심, 교우관계 형성
- 박수진, 김정현(2015): 음악줄넘기 운동이 지적장애 고등학생의 문제행동에 긍정적인 영향
- 김종규, 송근영, 류호상(2020): 장기간의 줄넘기 운동이 지적장애인의 주의집중력과 자기결정력에 긍정적인 영향
- 정유나(2007): 줄넘기 운동을 통해 대인관계, 건전한 성격발달에 영향
- 양혜진, 임신자(2021): 청소년 줄넘기선수들의 심리적 발달요인과 지속동기 탐색

4) 사회적 효과

줄넘기 운동 종목으로 개인 줄넘기 뿐만 아니라 단체 줄넘기가 있다. 단체 줄넘기의 경우 여러 명이 서로 협동하는 운동으로 남을 존중하고 배려하는 마음으로 긴 줄넘기를 돌리며 함께 뛰어 넘어야 한다. 이때 줄을 돌리는 사람과 넘는 사람의 호흡이 하나가 되어야 하므로 관계 안에서 서로를 이해하는 과정을 통해 갈등, 이기심을 해결하는 방법을 학습하고 여럿이 함께 어울려 운동함으로써 공동체 의식 속에서 협동심과 일체감을 기를 수 있다.

이와 같이 줄넘기라는 운동을 통해 사회성 발달과 정서의 순화를 기대할 수 있으며, 상호 존중이 필요한 협동심과 배려심, 도덕성 함양에 중요한 요인으로 작용 가능할 것이라 생각 된다. 또한, 단체 줄넘기의 수행은 공동체 의식이 필요한 학교나 직장 등에서 화합된 분위기 조성에 긍정적인 영향을 미치기에 사회적 공동체 함양의식과 올바른 인성·가치관의 함양에 도움을 줄 수 있을 것이다.

● 사회적 효과(학술연구)

- 심성섭, 이순오, 김학룡(2012): 음악줄넘기 단체팀장의 변혁 및 거래적 리더쉽이 지도자의 사회적 지능 및 조직충성도에 미치는 효과
- 진광호, 박영환. 최옥진(2017): 창작 음악줄넘기 수업이 중학생의 사회성 및 또래 관계에 긍정적인 영향
- 이정희, 김지태, 정연성(2016): 줄넘기 학교스포츠 클럽활동 참여한 고등학생의 재미 요인과 신체적 자기효능감, 학교생활만족감 증가
- 이대형(2010): 음악줄넘기 운동을 통한 초등학교 아동의 사회성 발달에 효과
- 양경희(2005): 초등학생의 음악줄넘기 운동과 사회성 발달과의 관계
- 이현(2019): 줄넘기 유형에 따른 사회성 변화
- 정민순(2008): 음악줄넘기 운동이 학습부진아의 사회성과 학업성취도에 미치는 영향
  : 음악줄넘기 운동과 사회성, 학업성취도
- 양혜진(2021): 대회요강 분석을 통한 줄넘기 경기대회의 변화와 발전

4 줄넘기 경기

줄넘기 경기종목은 줄의 길이와 회전형태, 참가인원에 따라 개인 경기, 2인 경기, 3인 경기, 4인 경기, 단체경기, 장애인 경기로 구분한다. 경기 방식은 크게 경기 시간 내 최다기록을 측정하는 Speed종목과 줄넘기 기술을 창의적으로 구사할 수 있는 Freestyle 종목으로 구분한다.

또한 참가자의 특성에 따라 생활체육대회와 전문체육대회로 구분되며 두 대회는 종목과 측정방식에 차이가 있다.

1) 생활체육 대회

국내의 생활체육 줄넘기 종목은 경기 시간 내 줄을 빠르게 넘어 최고기록을 측정하는 Speed 기록경기로 종목들이 이루어져 있으며, 매년 대한민국줄넘기 협회에서 세부 종목과 부별 구분의 기준을 제시하고 있다.

(1) 대한민국줄넘기협회 2023년 경기 종목

대한민국줄넘기 협회에서 제시한 2023년 경기종목은 크게 4항으로 제1항은 장애인, 제2항은 개인 및 2인 경기, 제3항은 3, 4인 경기, 제4항은 단체 줄넘기로 구분되며, 자세한 사항은 다음과 같다.

■ 대한민국줄넘기협회가 제시한 2023년 생활체육줄넘기 경기 종목

제1항 - 장애인 줄넘기대회(특수교육대상학생포함)

종목	경기시간	참가구분	비고
30초 뛰기	30초	초등부, 중등부, 고등부, 일반부	개인(성별구분없음)
2인 맞서서 뛰기	1분	초등부, 중등부, 고등부, 일반부	장애인1명, 비장애인1명

제2항 - 개인 및 2인 경기

종목	경기시간	참가구분	비고
양발 모아뛰기	30초	유치부	남, 여 구분 있음
30초 번갈아뛰기	30초	유치부, 초등1·2부, 초등3·4부, 초등 5·6부, 중등부, 고등부, 일반부	남, 여 구분 있음
30초 이중뛰기	30초	유치부, 초등1·2부, 초등3·4부, 초등 5·6부, 중등부, 고등부, 일반부	남, 여 구분 있음
3중 뛰기	시간제한 없음	초등부, 중등부, 고등부, 일반부	남, 여 구분 있음
3분 뛰기	3분	초등부, 중등부, 고등부, 일반부	남, 여 구분 있음
2인 맞서서뛰기	1분	유치부, 초등1·2부, 초등3·4부, 초등 5·6부, 중등부, 고등부, 일반부	성별구분 없음
2인 번갈아 뛰기	1분	유치부, 초등1·2부, 초등3·4부, 초등 5·6부, 중등부, 고등부, 일반부	성별구분 없음

제3항 - 3, 4인 경기

종목	경기시간	참가구분	비고
3인 쌍줄 스피드	30초	초등부, 중·고등부, 일반부, 통합부	성별구분 없음
4인 스피드 릴레이	4명 X 30초 =120초	초등부, 중·고등부, 일반부, 통합부, 마스터부	성별구분 없음
4인 쌍줄 스피드 릴레이	4명 X 30초 =120초	초등부, 중·고등부, 일반부, 통합부, 마스터부	성별구분 없음

제4항 - 단체 줄넘기

종목	경기시간	참가구분	비고
긴 줄 8자 마라톤	2분	구분 없음(12명)	성별구분 없음
긴 줄 4도약	2분	구분 없음(16명)	성별구분 없음
긴 줄 뛰어들어 함께뛰기	2분	구분 없음(14명)	성별구분 없음
긴 줄 손 가위바위보	시간제한 없음	구분 없음(10명)	성별구분 없음

□ 입상 범위

생활체육은 경기성적에 따라 절대평가를 실시하여 제시된 범위 내의 성적을 올린 모든 참가자를 대상으로 시상을 하고 있으며 금상 시상자 중 높은 기록을 수립한 상위 1위, 2위, 3위 선수에게 대상을 수상한다. 때문에 생활체육대회 참가자들은 보다 명확한 목표설정이 가능하여 목표설정과 목표 달성에서 오는 긍정적인 발전을 기대할 수 있을 것이다. 다음은 2023년 실시된 대한민국줄넘기협회가 주최하고 주관한 대한민국 전국줄넘기대회의 입상 기준이다.

■ 2023 대한민국 전국줄넘기대회 입상기준

1. 개인전 종목

종목	참가부	금상	은상	동상
양발 모아뛰기	유치부	70 이상	69-60	59-50
30초 번갈아 빨리 뛰기	유치부	41 이상	40-36	35-30
	초등1, 2부	45 이상	44-40	39-35
	초등3, 4부	56 이상	55-51	50-45
	초등5, 6부	66 이상	65-61	60-55
	중등부(남,여)	66 이상	65-61	60-55
	고등부(남,여)	66 이상	65-61	60-55
	일반부(남,여)	66 이상	65-61	60-55
30초 스피드 이중 뛰기	유치부	41 이상	40-36	35-30
	초등1, 2부	45 이상	44-40	39-35
	초등3, 4부	56 이상	55-51	50-45
	초등5, 6부	66 이상	65-61	60-55
	중등부(남,여)	66 이상	65-61	60-55
	고등부(남,여)	66 이상	65-61	60-55
	일반부(남,여)	66 이상	65-61	60-55

	초등부(남)	31 이상	30-26	25-20
	초등부(여)	26 이상	25-21	20-15
	중등부(남)	41 이상	40-36	35-30
3중 뛰기	중등부(여)	36 이상	35-31	30-25
	고등부(남)	46 이상	45-41	40-35
	고등부(여)	36 이상	35-31	30-25
	일반부(남)	46 이상	45-41	40-35
	일반부(여)	36 이상	35-31	30-25
	초등부(남,여)	300 이상	299-270	269-240
3분 뛰기	중등부(남,여)	330 이상	329-300	299-270
	고등부(남,여)	360 이상	359-330	329-300
	일반부(남,여)	360 이상	359-330	329-300

2. 2인전 종목

종목	참가부	금상	은상	동상
	유치부	120 이상	119-110	109-100
	초등1,2부	130 이상	129-120	119-110
	초등3,4부	140 이상	139-130	129-120
2인 맞서서 뛰기(1분)	초등5,6부	150 이상	149-140	139-130
	중등부	160 이상	159-150	149-140
	고등부	160 이상	159-150	149-140
	일반부	160 이상	159-150	149-140
	유치부	50 이상	49-45	44-40
	초등1,2부	55 이상	54-50	49-45
	초등3,4부	60 이상	59-55	54-50
2인 번갈아 뛰기(1분)	초등5,6부	65 이상	64-60	59-55
	중등부	70 이상	69-65	64-60
	고등부	70 이상	69-65	64-60
	일반부	70 이상	69-65	64-60

3. 3,4인 종목 시상 범위

종목	금상	은상	동상
3인쌍줄스피드	90이상	89-75	76-60
4인스피드릴레이	260이상	259-220	219-180
4인쌍줄스피드릴레이	240이상	239-200	199-160

4. 단체전 종목 시상 범위

종목	금상	은상	동상
긴줄8자마라톤	250이상	249-220	219-190
긴줄4도약	150이상	149-120	119-90
긴줄뛰어들어가함께뛰기	150이상	149-120	119-90

(2) 스피드 경기 종목 규정

☐ 개인 종목:

■ 30초 번갈아뛰기, 3분 뛰기

정해진 경기시간 내 기록을 계수하여 순위를 평가하는 경기로 번갈아 뛰는 선수의 오른발이 줄을 넘을 때 계수를 한 것을 기록으로 하며, 줄에 걸려도 제한시간까지 계속해 줄을 넘는다.

■ 양발 모아뛰기

30초 경기로 경기시간 내 기록을 계수하며, 시작 신호에 의해 양발을 모아 줄을 넘을 때 계수를 한 것을 기록으로 하며, 줄에 걸려도 제한시간까지 계속해 줄을 넘는다.

■ 2중 뛰기

30초 경기로 경기시간 내 한 번 점프에 발 밑으로 줄을 2번 넘기는 이중 뛰기를 한 것만을 계수하여 기록으로 한다. 줄에 걸려도 제한시간까지 계속해 줄을 넘는다.

■ 3중 뛰기

제한시간 없이 경기가 이루어지며, 한 번에 점프로 줄을 3번 넘기는 것을 계수한 것을 기록으로 하며 줄에 걸릴 시 경기가 종료된다. 단 기록이 20회 미만이면 다시 한번의 기회를 부여한다.

☐ 2인 종목 :

■ 2인 맞서서 뛰기(1분)

2인이 한팀으로 1개의 줄넘기를 한 사람이 잡고 상대와 마주 보고 서서 함께 줄을 넘는 경기로 동시에 줄을 넘는 것을 계수한 것을 기록으로 한다.

■ 2인 번갈아 뛰기(1분)

2인이 한팀으로 1개의 줄넘기를 들고 옆으로 나란히 서서 줄넘기 손잡이를 각각 바깥쪽(왼쪽사람은 왼손, 오른쪽 사람은 오른손)손으로 잡고 한 번씩 교대로 넘는다. 시작과 동시에 넘기 시작하며 오른쪽 사람이 줄을 넘는 것을 계수한 것을 기록으로 한다.

☐ 3,4인 종목:

■ 3인 쌍줄 스피드(30초)

3명이 한팀으로 긴 2개 줄넘기(4m 이상)를 2인이 돌리고 1인은 줄 안에서 번갈아 뛰기로 뛰며, 오른발이 줄을 넘을 때 계수한 것을 기록으로 한다.

■ 4인 스피드 릴레이(120초)

4명이 한팀으로 1번과 2번은 앞줄에 3번과 4번은 뒷줄에 위치하여 4명의 선수가 순차적으로 개인줄 30초 번갈아뛰기로 넘은 계수를 합산한 것을 기록으로 한다.

■ 4인 쌍줄 스피드 릴레이(120초)

4명이 한팀으로 3번과 4번이 쌍 줄넘기를 돌리고 1번이 줄 안에서 3번을 바라보고 줄을 넘으며 2번은 줄 밖에서 준비한다. 경기음에 따라 4번과 1번이 교대하여 줄을 돌리고 2번이 4번을 바라보며 뛴다. 경기음에 교대하여 1번과 2번이 줄을 돌리고 3번이 1번을 보며 뛴다. 경기음에 교대하여 2번과 3번이 줄을 돌리고 4번이 2번을 보며 뛴다.

*이러한 순서로 수행하지 않을시 점프는 계수하지 않는다.

☐ 단체전 종목:

■ 긴 줄 뛰어들어 함께 뛰기(2분)

14명이 한팀으로 긴 줄넘기(8m이상) 1개를 2명이 진행 방향으로 돌리고 나머지 12명의 선수는 차례로 줄을 서서 한 명씩 회전하는 줄 안으로 뛰어 들어가 12명 전원이 함께 뛴다. 이때, 12명의 선수 전원이 함께 뛸 때만 횟수로 인정하여 계수하고 기록으로 한다.

■ 긴 줄 8자 마라톤(2분)

12명이 한팀으로 긴 줄넘기(4m이상) 1개를 2명이 진행 방향으로 줄을 돌리고 나머지 10명의 선수는 차례로 줄을 서서 한 명씩 회전하는 줄 안으로 뛰어 들어가 1회 넘고 반대 방향으로 나가면서 줄넘기를 돌리는 사람을 돌아 반대쪽에서 다시 줄을 넘고 나간다. 이때 동선은 ∞자 형태를 그리며, 10명의 선수가 줄을 넘은 총 횟수를 계수하여 기록으로 한다.

- 긴 줄 4도약(2분)

16명이 한팀으로 긴 줄넘기(6m이상) 1개를 2명이 진행 방향으로 줄을 돌리고 나머지 14명 선수는 차례로 줄을 서서 한 명씩 회전하는 줄 안으로 뛰어 들어가 4도약으로 넘는다. 이때 줄 안에는 새롭게 들어간 사람을 포함하여 4명이 뛰고 있어야 하며, 차례대로 들어오고 나감을 반복한다. 줄 안에 4명이 뛰고 있는 경우에만 계수하여 기록으로 한다.

2) 전문체육 대회

전문체육 줄넘기 종목은 정해진 시간에 줄을 빠르게 넘어 최고기록을 측정하는 Speed 기록경기와 줄넘기 기술을 자유롭게 표현할 수 있는 Freestyle 경기가 있다. 국제협회인 International Jump Rope Union (IJRU)의 주관 대회 종목은 다음과 같다.

■ IJRU 주관 세계 줄넘기 선수권대회 경기종목

Solo		
Game	Time	Participation classification
Single Rope Speed	30sec	Female Male
Single Rope Speed Endurance	180sec	Female Male
Single Rope Triple Unders	no time limit	Female Male
Single Rope Individual Freestyle	0sec ~ 75sec	Female Male
Double Dutch Speed Sprint	60sec	Female Male Mixed
Double Dutch Single Freestyle	0sec ~ 75sec	Female Male Mixed

Team		
Game	Time	Participation classification
Single Rope Speed Relay	120sec	Female Team Male Team Mixed Team
Single Rope Double Under Relay	60sec	Female Team Male Team Mixed Team
Wheel Freestyle	0sec ~ 75sec	Female Team Male Team Mixed Team
Double Dutch Speed Relay	120sec	Female Team Male Team Mixed Team
Single Rope Pair Freestyle	0sec ~ 75sec	Female Team Male Team Mixed Team
Single Rope Team Freestyle	0sec ~ 75sec	Female Team Male Team Mixed Team
Double Dutch Pair Freestyle	0sec ~ 75sec	Female Team Male Team Mixed Team
Double Dutch Pair Trad Freestyle	0sec ~ 75sec	Female Team Male Team Mixed Team

(1) 세계 줄넘기 선수권대회 경기종목에 따른 경기방법 및 규정

☐ Solo 개인 줄넘기 이벤트

- Single Rope Speed, 1명 x 30sec
- Single Rope Speed Endurance, 1x 180sec

  30초, 180초 경기시간내 기록을 계수하여 순위 평가하는 경기로, 번갈아 뛰는 선수의 오른발이 줄을 넘을 때 계수를 한 것을 기록으로 한다.

- Single Rope Triple Unders, 1명x no time limit

  제한시간 없이 경기가 이루어지며, 한 번에 점프로 줄을 3번 발 밑으로 넘기는 것을 계수한 것을 기록으로 하며 줄에 걸릴 시 경기가 종료된다.

- Single Rope Individual Freestyle, 1명 x 0~75sec

  1명이 한 개의 개인줄넘기로 필수요소인 멀티플, 파워, 짐네스틱, 로프 조작 동작들을 기술 난이도에 따라 4 Different Multiples, 4 Different Gymnastics & Power Skills, 4 Different Manipulations (Wraps/Releases)을 여러 유형으로 수행해야 한다. 기술의 난이도, 콘텐츠 및 프리젠테이션 외에도 필요한 요소가 완료될 때마다 가산 포인트를 부여하는 동시에 실수, 공간 및 시간 위반을 채점하는 경기 방식으로 자신의 최고 수준의 자유형식으로 줄넘기를 구사한다.

- Double Dutch Speed Sprint, 1명 x60sec

  2명이 돌리는 2개의 긴 회전 줄넘기 안에서 1명의 선수가 60초 동안 번갈아 뛰기로 줄을 넘으며 계수 측정방식은 개인종목과 동일하게 오른발이 넘는 것을 기준으로 하여 계수한다.

□ Team 팀 줄넘기 이벤트

- Single Rope Speed Relay, 4명 x 30sec
  4명의 선수가 순차적으로 30초씩 번갈아뛰기를 하는 경기로 측정방식은 개인종목과 동일하며 4명의 합계를 최종기록으로 한다.

- Single Rope Double Unders Relay, 2명 x30sec
  2명의 선수가 순차적으로 30초씩 이중뛰기를 하는 경기로 1회 점프 시 줄을 2회 돌려 넘을 때 계수하며, 2명의 합계를 최종기록으로 한다.

- Double Dutch Speed Relay, 4명 x 30sec
  더블더치의 스피드 종목으로 2개의 긴 회전 줄넘기 안에서 4명의 선수가 각 30초씩 번갈아 뛰기를 수행하여 통합된 최종합계를 기록으로 한다. 계수 측정방식은 개인종목과 동일하게 오른발이 넘는 것을 기준으로 하여 계수한다.

- Wheel Freestyle, 2명 x 0~75sec
  2명이 2개의 줄을 차이니즈휠을 바탕으로 한 프리스타일로 채점방식은 개인종목과 다르게 적용된다.

- Single Rope Pair Freestyle, 2명 x 0~75sec
  2명이 한팀으로 동시에 줄넘기의 필수 동작 요소들을 조합하여 줄을 자유롭게 수행하는 경기로 채점방식은 개인 종목에서 페어 프리스타일에 필요한 4가지 상호작용 요소가 추가된다.

- Single Rope Team Freestyle, 4명 x 0~75sec
  4명이 한팀으로 Team Freestyle 필수요소 동작들을 독창성 있게 자유롭게 표현하되 줄의 회전이 멈추지 않게 원활하게 돌아갈 수 있도록 수행되어야 하며 채점방식은 싱글 페어 프리스타일 종목과 동일하다

- Double Dutch Singles Freestyle

   2명이 돌리는 2개의 긴 줄넘기 회전 안에서 1명의 선수가 필수요소인 Multiples, Power, Gymnastics, Turner involvement, Releases, Switches, Footwork 동작들을 기술 난이도에 따라 여러 유형으로 수행해야 하며 필요한 요소가 완료될 때 마다 가산 포인트를 부여하는 동시에 실수, 공간 및 시간위반을 채점하는 경기방식으로 자신의 최고 수준의 자유형식으로 줄넘기를 구사한다.

- Double Dutch Pairs Freestyle

   2명이 돌리는 2개의 긴 회전 줄넘기에서 2명의 선수가 한 팀으로 파트너와의 상호작용을 통한 4가지 다른 터너 관련 기술, 4가지 다른 체조 및 파워기술 등 기술 난이도에 따른 동작으로 다재다능하고 역동적인 동작으로 표현한다.

- Double Dutch Trad Freestyle

   위와 같은 경기 방식으로 3명 이상의 선수와 함께 더블 더치 프리스타일에는 다음과 같이 추가 필수요소와 가산점이 따른다. 4가지 상호작용으로 점퍼 상호 작용은 선수들이 서로 지원하며, 오버, 언더 또는 서로의 다른 기술을 수행하고 하거나 서로 물리적으로 연결되는 방식으로 완성되어야 한다.

3) 전국 줄넘기대회 종목별 최고 기록

국내대회의 종목별 최고기록을 살펴보면, 개인전에서는 30초 빨리뛰기는 남자 110, 여자 102로 기록되었으며, 3분 뛰기는 남자 549, 여자 496, 3중 뛰기는 남자 602, 여자 201, 프리스타일은 남자 7. 635점, 여자 5.309점을 기록하였다. 단체전은 4인 스피드릴레이(4X30s)에서 418개를, 3인 더블더치 스피드 218개, 더블더치페어 프리스타일에서는 4.15점을 기록하였으며, 자세한 사항은 다음과 같다.

■ 국내대회 종목별 최고기록 (대한민국줄넘기협회, 2022)

	Event	Division	Score
개인전	30초 빨리뛰기	남	110
		여	102
	3분 뛰기	남	549
		여	496
	3중 뛰기	남	602
		여	201
	개인 프리스타일	남	7.635
		여	5.309
단체전	4인 스피드 릴레이 (4×30s)	혼성	418
	3인 더블더치 스피드	혼성	218
	더블더치 페어 프리스타일	혼성	4.15

4) 세계 줄넘기 선수권대회 종목별 최고 기록

줄넘기 국제연맹인 INTERNATIONAL JUMP ROPE UNION에서 개최된 2023년 세계 줄넘기 선수권대회에서 종목별 최고기록은 다음과 같다.

■ 2023 IJRU 세계 줄넘기 선수권대회 종목별 최고기록

2023 WORLD JUMP ROPE CHAMPIONSHIPS

Event	Division	Name	Score
Single Rope Speed Sprint	남	JAPAN 일본	112
	여	HONG KONG, CHINA 홍콩	106
Single Rope Double Unders Relay	남	HONG KONG, CHINA 홍콩	202
	여	HUNGARY 헝가리	190
	혼성	HONG KONG, CHINA 홍콩	192
Single Rope Speed Endurance	남	HONG KONG, CHINA 홍콩	552
	여	PEOPLE'S REPUBLIC OF CHINA 중국	521
Single Rope Triple Unders	남	AUSTRALIA 호주	304
	여	UNITED STATES 미국	251
Single Rope Individual Freestyle	남	HONG KONG, CHINA 홍콩	81.37
	여	HONG KONG, CHINA 홍콩	29.05
Single Rope Team Freestyle	남	KOREA 대한민국	25.46
	여	GERMANY 독일	17.98
	혼성	DENMARK 덴마크	20.59
Single Rope Pair Freestyle	남	JAPAN 일본	47.54
	여	DENMARK 덴마크	32.31
	혼성	BELGIUM 벨기에	45.47

Single Rope Speed Relay	남	HONG KONG, CHINA 홍콩	419
	여	BELGIUM 벨기에 KOREA 대한민국	389 동점
	혼성	KOREA 대한민국	406
Wheel Pair Freestyle	남	AUSTRALIA 호주	15.39
	여	GERMANY 독일	14.80
	혼성	UNITED STATES 미국	16.27
Double Dutch Speed Sprint	남	JAPAN 일본	235
	여	HONG KONG, CHINA 홍콩	198
	혼성	AUSTRALIA 호주	220
Double Dutch Speed Relay	남	HONG KONG, CHINA 홍콩	434
	여	SWEDEN 스웨덴	382
	혼성	HONG KONG, CHINA 홍콩	415
Double Dutch Single Freestyle	남	BELGIUM 벨기에	49.83
	여	GERMANY 독일	42.22
	혼성	GERMANY 독일	11.98
Double Dutch Pair Freestyle	남	HONG KONG, CHINA 홍콩	33.00
	여	BELGIUM 벨기에	27.45
	혼성	BELGIUM 벨기에	57.75
Double Dutch Triad Freestyle	혼성	GERMANY 독일	24.43

*참조: https://ijru.sport

5) 세계 줄넘기 선수권대회 국가별 경기 결과

■ 2023 IJRU 세계 줄넘기 선수권대회 결과

2023 INTERNATIONAL OPEN TOURNAMENT

1	HONG KONG, CHINA	금28	은22	동18
2	BELGIUM	금22	은15	동13
3	PEOPLE'S REPUBLIC OF CHINA	금19	은9	동2
4	UNITED STATES	금11	은17	동22
5	AUSTRALIA	금9	은7	동16
6	GERMANY	금7	은9	동3
7	KOREA	금5	은6	동8

2023 JUNIOR WORLD JUMP ROPE CHAMPIONSHIPS

1	JAPAN	금22	은4	동8
2	HONG KONG, CHINA	금3	은12	동10
3	BELGIUM	금2	은5	동2
4	AUSTRALIA	금2	은4	동4
5	KOREA	금2	은4	동3
6	PEOPLE'S REPUBLIC OF CHINA	금1	은1	동1
7	THAILAND	금1	은1	동1

2023 WORLD JUMP ROPE CHAMPIONSHIPS – FINALS

1	HONG KONG, CHINA	금10	은11	동11
2	JAPAN	금7	은2	동3
3	BELGIUM	금6	은6	동6
4	AUSTRALIA	금4	은5	동1
5	GERMANY	금4	은1	동1
6	KOREA	금3	은7	동7
7	UNITED STATES	금2	은6	동7

5 줄넘기 종목 구분 및 용어

1) 개인 줄넘기

□ Single Rope(개인 줄넘기)

줄의 양쪽 손잡이를 잡고 손목의 회전으로 줄의 움직임이 시작되어 내려오는 줄을 앞축을 이용해 뛰어 넘는 것으로 양발모아뛰기, 번갈아뛰기 부터 엇걸어풀어뛰기, 되돌려 옆흔들어뛰기, 2중뛰기, 3중뛰기 등 손의 제한을 통해 이루어지는 여러 동작을 자신의 수준에 맞게 방법과 연습을 통해 부담 없이 할 수 있는 전신운동이다. 단일 스텝부터 복합스텝, 전문 기술동작을 초보자부터 숙련자가 자신의 능력치로 할 수 있는 개인 운동이다.

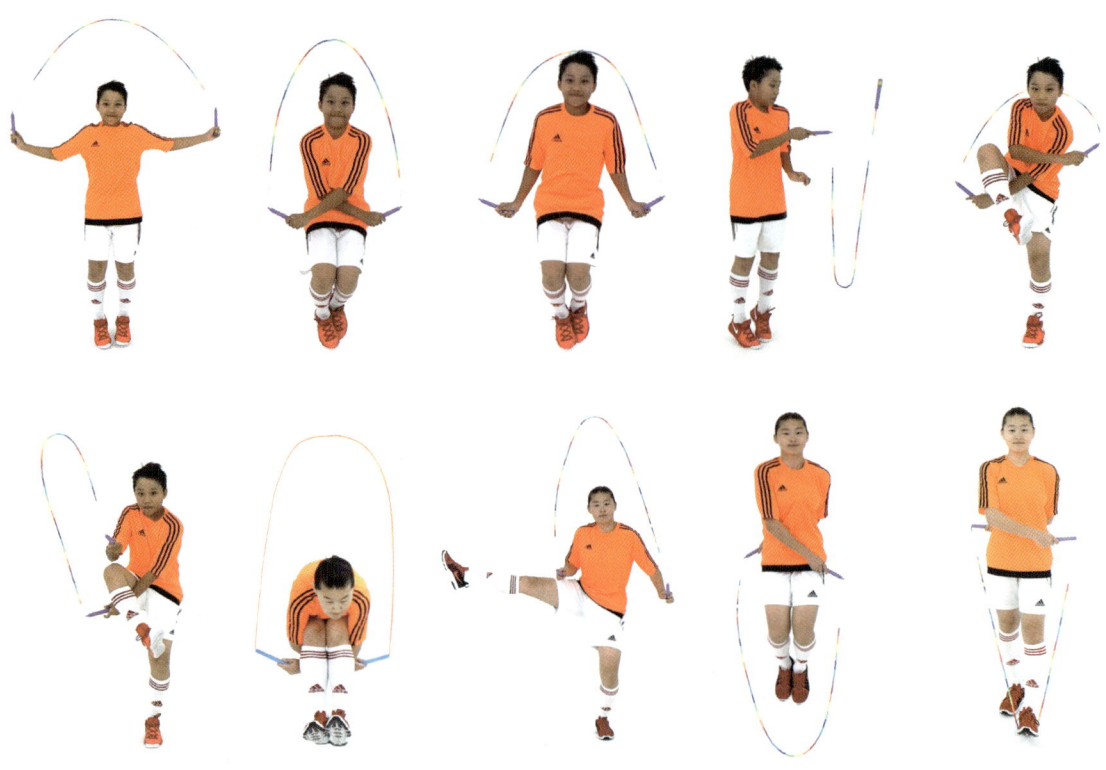

보편화된 개인 줄넘기 동작을 아래와 같이 정의하며 방법은 다음과 같다.

[용어정리]

양발모아 뛰기 1회선 2도약 : 줄을 1회 돌릴 때 양발모아 두 번 뛰는 동작

양발모아 뛰기 1회선 1도약 : 줄을 1회 돌릴 때 양발모아 한 번 뛰어 줄과 함께 넘는 동작

번갈아 뛰기 : 한 발씩 번갈아서 뛰는 동작

번갈아 두박자 뛰기 : 한 발을 2번씩 번갈아 뛰는 동작

앞 흔들어 뛰기 : 한 발을 뒤로 접어 들어 뛴 후 앞으로 내밀어 뛰는 동작

뒤 들어 모아 뛰기 : 한 발을 뒤로 들어 엉덩이를 닿게 하고 두발 모아 뛰는 동작

가위바위보 뛰기 : 두발을 좌·우 벌려 모아 뛴 후 앞·뒤 벌려 모아 뛰는 동작

옆 흔들어 뛰기 : 한 발씩 좌우로 흔들어 뛰는 동작

지그재그 뛰기 : 두발을 좌·우 벌려 뛴 뒤 교차하여 뛰는 동작

스윙 8자 : 한 방향에서 줄넘기를 한 바퀴 돌리는 동작으로 좌·우로 돌려 ∞ 형태 되는 동작

스윙 더블 8자 : 한 방향에서 줄을 2번 돌리며 좌·우로 돌리는 동작

스윙 더블 옆내음 : 8자 돌리기 변형하면서 반대쪽 발은 옆으로 내미는 동작

SO : 한 방향으로 줄을 1회 돌리고 겹친 손을 풀어 뛰어 넘는 동작

SC : 한 반향으로 줄을 1회 돌리고 위에 위치한 손이 반대로 이동해 엇걸어 뛰는 동작

팔에 줄 감고 풀르기 : 왼쪽에서 왼 팔에 줄을 감고 반대쪽인 오른쪽에서 풀기

되돌리기 : 몸을 기준으로 양손을 앞뒤로 교차하여 줄을 넘지 않고 돌리는 동작

되돌려 옆 흔들어뛰기 : 손은 되돌리기를 하면서 다리를 옆으로 들어 뛰는 동작

엇걸어 뛰기 : 배꼽이 중심으로 두 손을 반대로 엇걸어 줄을 넘는 동작

TS : 등을 중심으로 뒤에서 두손을 반대로 엇걸어 넘어오는 줄을 넘는 동작

AS : 상체를 숙여 무릎 뒤를 중심으로 두손을 교차해 엇걸어 오는 줄을 넘는 동작

DC : 더블 크로스 동작으로 엇걸은 손을 풀어 손의 위치를 바꿔 다시 엇걸어 줄을 넘는 동작

Toad : 배꼽을 중심으로 한손은 반대쪽 허리, 한손은 반대쪽 다리 사이로 줄을
 엇걸어 넘는 동작

EB : 줄을 되돌려 두 손 제한된 상태로 넘는 동작

CL : 한 손은 뒤 옆구리, 다른 한 손은 두 무릎 옆으로 제한된 상태에서 넘어오는 줄을 넘는 동작

Crouger : 줄을 오픈된 상태로 한 손은 허리 옆, 다른 한 손은 같은쪽 무릎 들어 팔을 깊숙
 이넣어 두 손이 좌,우 같은 위치에서 줄을 돌려 한발로 넘는 동작

Caboose : 상체를 숙여 왼손은 왼 무릎 뒤 밖, 오른손은 오른 무릎 뒤 밖에서 줄을 돌려 넘는 동작

Releases : 줄을 던져 받는 동작

O : 풀어 뛰기 (Open Rope)

S : 줄 돌리기 (Swing)

C : 엇걸어 뛰기 (Cross)

☞ 일부 대한민국 줄넘기협회 용어를 사용하였음

2) 짝 줄넘기

□ Twins Rope

두 명이 1개의 줄넘기 또는 2개의 줄넘기로 실시하는 종목이다.
두 명이 1개의 줄넘기로 할 수 있는 맞서서 뛰기, 나란히 뛰기, 번갈아 뛰기 있으며 2개의 줄넘기는 아메리칸 휠, 차이니즈 휠 줄넘기가 있다.

[용어정리]

(1) 2인 1줄 짝 줄넘기

2인 1줄 짝 줄넘기는 2명이 짝이 되어 1개의 줄넘기를 가지고 넘는 것을 말하며 뛰는 형태에 따라 맞서서 뛰기, 나란히 뛰기, 번갈아 뛰기로 구분한다.

□ **맞서서 뛰기** : 서로 마주 보고 서서 한 사람이 줄넘기를 돌리며 넘는다.

□ **나란히 뛰기** : 두 명이 나란히 서서 안쪽 어깨 또는 팔꿈치가 닿도록 간격을 좁히고 바깥쪽 손으로는 각각 줄넘기의 손잡이를 잡고 줄을 돌려 함께 넘는다.

□ **번갈아 뛰기** : 두 사람이 옆으로 나란하게 서서 줄넘기 손잡이를 각각 바깥쪽(왼쪽 사람은 왼손, 오른쪽 사람은 오른손) 손으로 잡고 한사람이 1회씩 줄을 교대로 넘는다.

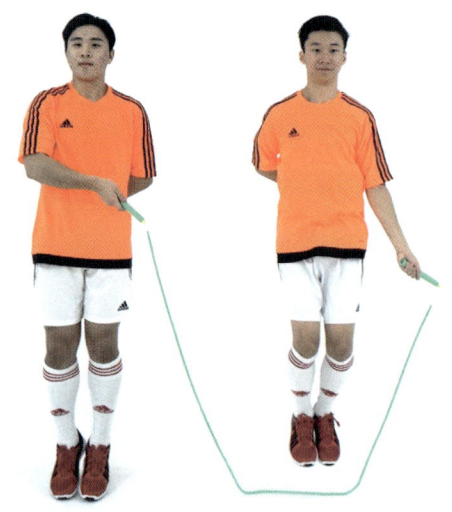

(2) 2인 2줄 짝 줄넘기

2명이 옆으로 나란히 서서 2개의 줄넘기 손잡이를 각 하나씩 나누어 잡고 크로스 되어있는 2개의 줄을 넘는다.

  □ **아메리칸 휠** : 2개의 줄넘기가 동시에 회전을 시작하며 오는 줄을 넘는다.

  □ **차이니즈 휠** : 2개의 줄넘기가 반 회선 차이로 회전해 오는 줄을 순차적으로 넘는다.

3) Double Dutch(쌍 줄넘기)

□ **Double Dutch(쌍 줄넘기)**

두 명이 마주 보고 서서 4m 이상의 긴 줄넘기 2개를 반회선 차이로 돌린다. 수행자는 줄넘기 안에서 번갈아 빠르게 뛰는 스피드 종목과 줄넘기 줄에 변화를 주며 역동적으로 표현하는 프리스타일 종목이 대표적이다.

[용어정리]

(1) **더블더치 스피드(Double Dutch Speed)** : 마주 보고 선 2명이 긴 줄넘기 2개를 반 회선 차이로 일정하게 빠르게 돌리며, 줄넘기 안에 수행자는 번갈아 뛰기로 제자리에서 전력 질주하듯 빠르게 넘는다.

사진출처: 세계 줄넘기 선수권대회

(2) 더블더치 프리스타일(Double Dutch Freestyle) : 3명 이상이 한 팀으로 4가지 상호작용과 다른 터너 기술 및 여러 체조, 파워 기술 등 각 필수 요소를 충족하여 선수들의 특정 기술 유형이나 요소들을 음악에 어울리는 자연스러운 형태로 수행하며, 줄넘기의 줄은 회전이 자연스럽고 유동적이며, 독창적인 기술을 프리스타일 루틴에 맞게 구성할 수 있다.

사진출처: BENNY, lillybarkerr (호주)

4) 단체 (긴)줄넘기

□ 단체 (긴)줄넘기 (Group long jump rope)

긴 줄넘기 1개를 두 사람이 마주 보고 서서 큰 포물선을 그리며 회전시켜, 다른 사람이 뛰어넘는 운동으로 긴 줄 8자 마라톤, 긴 줄 4 도약, 긴 줄 뛰어 들어가 함께 뛰기, 긴 줄 손 가위바위보 등 뛰는 방법, 참여 인원, 경기 시간, 줄넘기의 길이에 따라 종목이 구분된다.

[용어정리]

(1) 긴 줄 8자 마라톤 : 줄을 돌리는 보조자 2명 외 10명이 순차적으로 줄 안으로 뛰어 들어가 줄을 한번 넘고 대각선 방향으로 나가서 줄을 돌리는 사람을 돌아 반대쪽에서 다시 줄을 넘고 나가는 종목으로 제한 시간은 2분이다.

(2) 긴 줄 4 도약 : 줄을 돌리는 보조자 2명 외 14명이 순차적으로 줄 안으로 뛰어 들어가 4회 뛰고 나가는 것으로 줄이 한번 회전할 때마다 1명씩 줄 안으로 진입해 4명씩 함께 줄을 넘는다. 제한 시간은 2분이다.

(3) 긴 줄 뛰어들어 함께 뛰기 : 줄을 돌리는 보조자 2명 외 12명이 순차적으로 줄 안으로 뛰어 들어가 12명 전원이 줄 안에서 함께 줄을 넘는 종목으로 경기 시간은 2분이다.

(4) 긴 줄 손 가위바위보 : 주로 이벤트 경기로 이루어지며 줄을 돌리는 보조자는 대부분 지도자나 심판이 맡는다. 한 팀은 10명으로 상대 팀과 줄 안으로 뛰어들어가 손으로 가위바위보를 하여 진 사람은 나가고, 이긴 사람은 상대 팀의 다음 선수와 겨루게 되며 선수가 많이 남아 있는 팀이 우승하게 된다. 경기방식은 토너먼트이다.

5) 음악 줄넘기

□ 음악 줄넘기

음악 줄넘기는 음악을 배경으로 줄넘기의 스텝, 줄의 회전을 응용 복합하여 장르에 맞춰 안무를 창작 구성하는 종목이다.

줄넘기의 운동력과 음악의 예술성을 다양하게 결합하여 리드미컬한 도약을 통해 동작을 표현함으로서 신체 표현력을 향상시키기 때문에 일반 줄넘기보다 지속적인 흥미를 가지고 할 수 있다는 점에서 효과가 크다.

음악 줄넘기는 단순한 줄넘기 동작에서 벗어나 음악의 리듬에 맞추어 뛰고 구르며 다양한 타이밍에 점프력까지 기를 수 있어 아동들의 체력향상은 물론 재미와 흥미까지 더해주고 있다. 음악의 템포와 리듬은 정서를 순화시키고 스트레스를 해소하여 심리적으로 안정감을 느끼게 해주는 효과가 있다.

  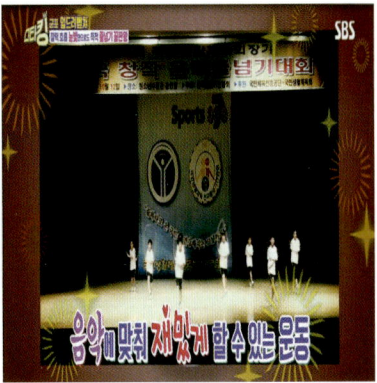

6) 경기방법

□ Speed와 Freestyle

줄넘기 경기방식으로 줄의 길이와 회전 형태, 참가인원에 따라 종목을 구분할 수 있다. 먼저 Speed종목은 생활체육과 전문체육 모두 경기방법 및 규정이 있고 경기시간은 30초, 60초, 120초, 180초가 있다. Freestyle은 전문체육 종목에만 적용되며 난이도에 따른 특정 기술 유형과 요소를 기술루틴으로 구성하여 독창적으로 표현, 성공적으로 수행하며, 경기시간은 0 ~ 75초 이다.

Speed: 시작신호와 동시에 줄을 빠르게 넘는 것으로 경기 시간 내 최고의 기록을 세울 수 있는 종목이다.

Freestyle: 경기방법으로는

PA Athlete Presentation- 자세 및 동작실행, 그리고 실수

PR Rouyine Presentation- 엔터테인먼트, 음악과 조화

RE Required Elementary-필수요소, 반복기술, 미스 및 시간 위반

D Diffculty- 수행하는 동작의 난이도(레벨)측정

☞ 개인능력치에 따라 응용하고 해석하여, 기술 난이도 동작을 선택, 응용, 조합하여 창의적이고 역동적으로 표현하는 종목이다.

채점방식은 다음과 같다.

R: 최종결과
D: 난이도
U: 반복기술점수
P: 프리젠테이션 점수
M: 감점점수
Q: 필수요소 점수

$$R = (D-U) \times P \times M \times Q$$

7) 줄넘기 종류

(1) 개인 줄넘기 용구(재질)

스피드 줄넘기

◀ 주변에서 쉽게 볼 수 있는 일반적인 줄넘기로, 줄이 가볍고 부상 위험이 적어 많은 사람들이 사용하고 있다.

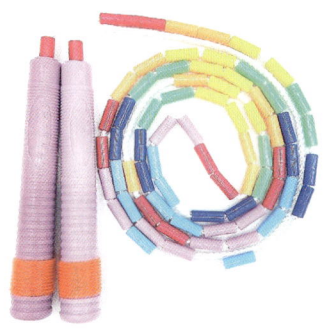

구슬 줄넘기

◀ 줄에 색색의 구슬을 꿰어 만들어진 줄넘기로 무게감이 있어 줄 회전이 잘 되며, 학교 운동장 및 실내 체육관에서도 줄을 쉽게 뛰어넘을 수 있다. 또한 여러 컬러로 줄넘기 색을 변경할 수 있기에 시각적으로 화려하게 보여 공연 줄넘기로 많이 쓰인다.

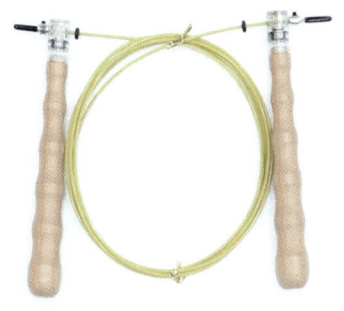

와이어 줄넘기

◀ 철사(와이어) 재질로 만들어진 줄넘기로 줄 회전력이 빠르며 스피드 종목이나, 이중 및 다중 뛰기 종목에 많이 쓰인다.

(2) 줄의 길이 (종목)

3m

짝 줄넘기
맞서서 뛰기, 나란히 함께 뛰기,
아메리칸 휠, 차이니즈 휠 등

4m

긴 줄 8자 마라톤
긴 줄 손 가위바위보
 Double Dutch(쌍 줄넘기)

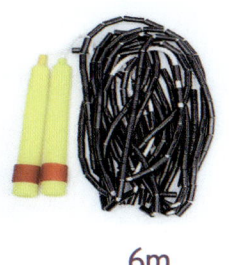

6m

긴 줄 4도약
장단 복합 줄넘기

8m

긴 줄 뛰어들어 함께 뛰기
긴 줄 웨이브
긴 줄 복합 줄넘기

II

줄넘기

실기

II. 줄넘기 실기

1 개인 줄넘기

교육목적
줄넘기 운동의 실기 설명을 통해 손의 위치와 줄 형태를 이해하므로 보다 쉽게 동작을 습득할 수 있다. 줄넘기 실기를 활용할 수 있는 기술과 지식을 향상 시킨다.

1) 개인 줄넘기의 특성 및 유의사항

(1) 개인 줄넘기의 특성

개인 줄넘기는 짧은 시간에 최대한의 운동효과를 낼 수 있는 운동으로 다양한 동작들이 난이도에 따라 단계별로 구성되어 있어 초보자부터 숙련자 모두 수행 가능하다.

과거 한 동작을 오랜 시간 수행하며 운동효과를 확인하였다면 현재에는 국내·외 줄넘기협회에서 줄넘기 동작을 체계화하여 난이도별로 구분함으로써 이를 시행하는 과정에서 유산소 운동뿐 아니라 신체 자극을 통한 근력운동이 동시에 가능하다.

- Basic skill: SO, SSO, CO, Double Cross, SC, EB, TS, AS, CL, Toad,
- Multiple skill:
  (가) Double under(Basic): OO, CO, CC, OC, SO, SC, EK, BC, AS-double, CL-double, EB-double, TS-double 등
  (나) Triple under(Basic): OOO, SOO, SCO, TJ, EK, BC
- Power skill(Basic): Frog, push up, Split, Butt bounce, kamikaze, Suny-D, Crad, Bubble, dark side
- Gymnastic skill(Basic): Cartwheel, Round off, Handspring, kip, Flips
- Release skill(Basic): Basic release, Single handle release, Floater, Snake, Micrelease, Lasso
- Wrap skill(Basic): Leg Wrap, Crouger Wrap, Toad Wrap
- Rope manipulation: CC, EB, T- Toad, elephant Toad, eb Toad, inverse eb Toad, inverse T- Toad, Crouger, Crouger cross, KN, Megan, Weave, Squeeze, Awesome Annie 등

(2) 유의사항

장소와 날씨에 영향을 받을 수 있으며, 줄에 걸려 넘어지는 등의 부상의 우려가 있으니, 자신의 신장에 맞게 줄의 길이를 조절하고 자세교정을 통해 자신의 수준에 따라 단계별로 수행하여야 한다.

● 줄넘기를 잘하기 위해 나에게 딱 맞는 줄넘기 고르는 법

□ 줄의 길이

줄넘기는 줄을 두발로 뛰어 넘는 것으로 줄 중앙을 두발로 밟았을 때, 손잡이를 제외한 양쪽 줄 끝의 길이가 초급자는 겨드랑이와 명치 사이 정도, 숙련자는 배꼽 정도면 알맞다고 할 수 있다. 또한 초보자의 경우 팔을 돌리는 크기, 돌리는 위치에 따라 추가적으로 길이 조절이 필요하기에 현재 자신에게 알맞은 줄의 길이를 파악하여 조절하는 것이 좋다.

줄이 너무 길면 팔을 이용해 줄을 돌려야 하므로 자세가 불안정해지고 체력적으로 소모가 많다.

반대로 줄이 짧으면 발이나 머리에 걸려 부상이 발생하고, 뛸 때마다 줄에 걸리게 되므로 줄을 잘 넘을 수 없다.

자신이 줄을 넘을 수 있는 길이로 조율하여 시작해 보자. 숙달될수록 팔의 움직임이 최소화되고 손은 허리와 골반사이에 위치하게 되므로 줄의 길이는 짧아지며 개인 운동능력에 따라 줄 길이가 변화하게 된다. 개.개인의 신장에 따라, 운동능력에 따라 자신에게 알맞은 줄 길이로 조율하여 즐겁게 줄넘기 운동을 시작해 보자.

□ 줄의 상태 및 굵기 선택

줄 자체가 많이 꼬여있으면 줄을 넘을 때마다 더 꼬이게 되어 짧아지게 된다. 줄은 곧게 펴진 것이 좋으며 너무 굵거나 가늘지 않은 것이 좋다.

□ 손잡이의 길이

줄의 손잡이가 짧으면 지면에 마찰 후 잘 돌아가지 않아 팔을 크게 돌려야 한다. 그렇게 되면 줄이 영향을 받아 포물선이 틀어지거나 엉키게 된다.

줄넘기 손잡이는 두 손으로 잡았을 때 길이가 남는 것을 선택하는 것이 좋으며 이러한 줄넘기는 팔을 많이 쓰지 않고도 손목을 이용해 줄을 쉽게 돌릴 수 있기 때문에 초보자나 어린이 누구나 쓰기에 용이하다.

2) 준비자세

(1) 준비자세 : 개인 줄넘기 준비는 손잡이 끝부분을 잡고 허리쯤에 두 손을 편하게 둔다. 줄은 바닥에 닿지 않고 준비하는 것이 좋다.

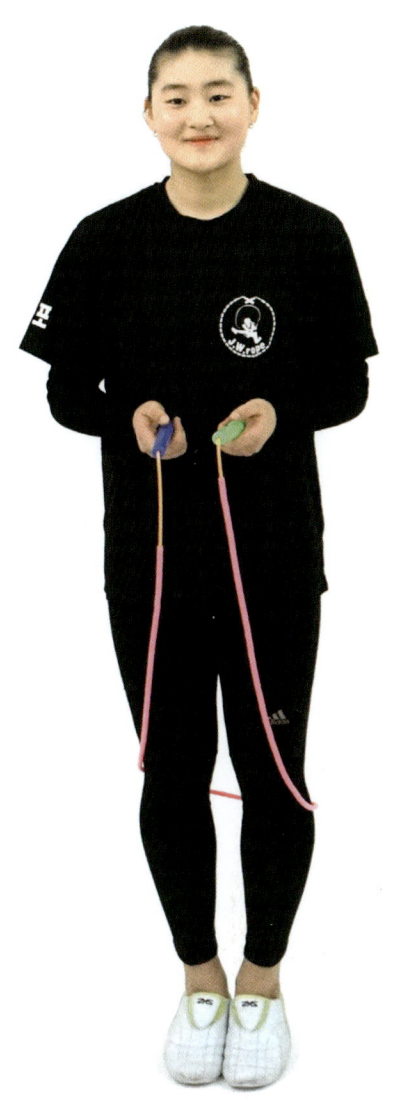

① 양발모아뛰기   두손으로 줄넘기 손잡이를 동시에 돌려 줄 회전을 시작하며, 내려오는 줄넘기의 줄을 두발모아 넘는다.

> **TIP** 초보자의 경우 줄을 돌리는 팔과 뛰어넘는 발의 협응이 안되어 줄넘기 운동이 어려울 수 있다. 이럴 때는 첫 번째 사진같이 줄을 먼저 시작해 뒤에서 앞으로 오게 한 후 두발로 넘어보자.

익숙해지면, 아래 사진과 같이 줄 회전의 최고 정점인 내 머리 위에서 내려올 때 넘는 타이밍을 익히자.

이렇게 단계별 연습이 되면 줄을 시작하며 넘는 타이밍이 익숙해져 연속적으로 줄을 넘을 수 있게 된다.

② 줄을 멈춤 줄을 멈출 때는 한발을 내밀어 회전해 오는 줄을 멈추는 앞멈춤, 뒷멈춤 등이 있다.

③ 엇걸어뛰기 줄이 위에서 내려와 명치 앞에서 손을 크로스하여 반대쪽 허리춤까지 이동한다. 손이 엇걸어 반대쪽까지 가야 줄을 넘는 공간이 확보되어 쉽게 줄을 넘을 수 있다.

> **TIP** 엇걸어뛰기의 손의 위치는 매우 중요하다. 반대쪽으로 이동한 손의 좌,우 위치에 따라 줄이 회전해 내려오는데, 이로 인해 만들어진 공간을 두발로 넘게 된다.

좋은 예	잘못된 예

④ 크로스 복합동작 엇걸어풀어뛰기를 기본으로 동작을 여러 가지로 응용할 수 있다. 발 스텝은 바위, 지그 뛰기로, 손은 오픈, 크로스로 동시에 하는 동작이다.

⑤ SC (옆떨쳐 엇걸어 뛰기)
몸을 중심으로 옆에서 줄 스윙을 시작하여, 바깥(파란)손잡이를 위로 향해 줄을 돌리며 정점에서 손을 교차한다. 줄을 한바퀴 돌려 회전을 통해 엇걸어 내려오는 줄을 넘는다.

⑥ SO (옆떨쳐 줄 오픈뛰기)
두 손을 모아 몸 옆에서 줄 스윙 1회 후 겹쳐졌던 줄넘기의 위인 파란색 손잡이를 벌려 줄을 오픈해서 양발모아 넘는다.

⑦ **DC** 크로스 더블동작으로 왼손을 위로 엇걸어 넘은 줄이 명치에 왔을 때 손을 풀어 오픈, 반대손인 오른손이 위로 교차되어 엇걸어져 내려오는 줄을 넘는다.

⑧ **TS** 줄을 넘으며 팔의 형태가 변화하며 손잡이의 손바닥은 뒤를 향한다. 허리 뒤에서 손을 엇걸어 줄을 만든다. 회전해 내려오는 줄을 두발 모아 넘는다.

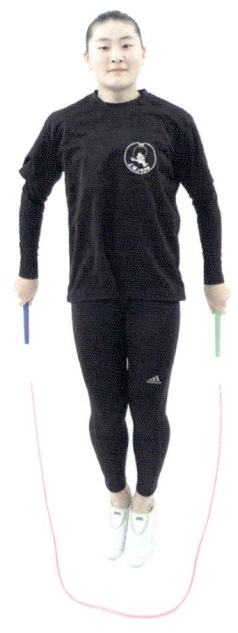 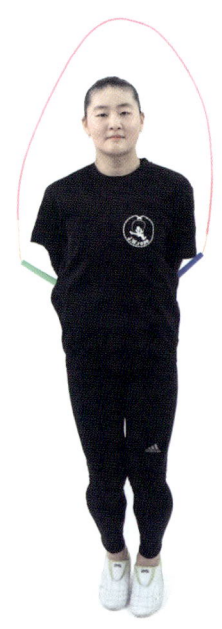 

⑨ 되돌리기   몸을 중심으로 두 손이 한쪽으로 이동한다. 이때 손 모양을 자세히 보면 허리 뒤로 이동할 파란손잡이의 끝은 바닥을 향해있고, 몸 앞에서 이동해야 되는 녹색손잡이는 옆으로 뉘어 바깥을 향해있다. 파란손잡이는 허리 뒤 반대쪽으로, 녹색손잡이는 몸 앞 허리에서 어깨, 반대쪽 어깨까지 이동하며 줄을 돌려 풀어준다.

⑩ 토드 되돌리기   숙련자의 경우 앞 손을 다리사이에 넣어 토드 되돌리기 동작을 완성해 보자.

⑪ EB   되돌리기 동작을 익힌 후 수행하는 것이 좋다. 줄을 되돌려 손을 제한한 상태에서 내려오는 줄을 넘는다.

⑫ Toad   한쪽다리를 드는 동시에 두 손은 교차해, 아래에 위치한 손은 든 다리 무릎 뒤로, 위에 손은 반대 허리 앞에 위치한다. 엇걸어진 줄을 그림 2와 같이 한발로 넘는다.

⑬ **Crouger** 양발모아뛰기를 시작으로 줄이 내려올때 오른발을 들고 오른손을 그림2와 같이 무릎 뒤에 위치하며, 한발로 줄을 넘는다. 줄이 계속 회전할수 있도록 오른다리 사이에 있는 오른손을 팔꿈치까지 깊숙이 넣어 양손이 좌,우 같은 위치에서 줄을 돌려주는 것이 좋다.

⑭ **한손 줄 던져 받아 뛰기** 1회선 2도약으로 넘으며 줄이 올라가 어깨 후면을 지날때 그림1과 같이 손잡이를 위로 던진다. 다른 한손은 포물선을 그리며 줄 회전속도를 조율한다. 놓았던 손을 뻗어 엄지와 검지사이에 손잡이를 잡는데, 손목을 이용해 살짝 눌러주며 잡는다.

 JUMP

> **TIP** 15번~17번까지의 준비자세 : 줄넘기의 줄은 완전히 바닥에 두고, 손잡이 끝을 올려 잡는다. 이때 자세는 엉덩이를 낮추고 시선은 고개를 들어 줄의 끝을 바라본다.

⑮ CL 준비자세에서 줄을 넘으며 한손은 등(녹색손잡이), 한손은 무릎 뒤(파란손잡이)에 위치한다. 그 상태로 내려오는 줄을 넘는다.

⑯ **AS** 준비자세에서 줄을 넘으며 두 손을 무릎 뒤로 당긴다. 손을 엇걸어 서로 반대쪽 무릎 뒤로 깊숙이 넣어 줄 안의 공간을 만들어 넘어오는 줄을 넘는다. 이때 시선은 바닥이 아닌 위로 15도, 그래야 줄을 넘으며 넘어지지 않는다.

⑰ **Caboose** 어깨너비로 벌린 다리사이에 줄을 당겨, 왼손은 왼 무릎 뒤, 오른손은 오른 무릎 뒤에서 줄을 앞으로 돌려준다. 점프하는 동시에 두손은 그림3과 같이 다리사이로 풀리게 된다.

2 짝 줄넘기

교육목적
2인 줄넘기의 동작을 이해하고 구분하며 지식을 습득한다.
2인 줄넘기는 2명이 동시에 줄을 돌리고 넘어야 하기에 개인적인 이기심을 버리고 서로 협동하고 내 자신만큼 상대를 위하는 마음으로 수련하게 된다.

1) 짝 줄넘기의 특성 및 유의사항

(1) 짝 줄넘기의 특성

짝 줄넘기는 2명이 한 팀이 되어 줄을 넘는 운동으로 크게 1줄넘기, 2줄넘기 그리고 뛰는 방식으로 종목을 구분할 수 있다. 2명이 짝이 되어 운동하고 숙달되면 3인, 4인으로도 같은 회전에 다른 운동방식으로 할 수 있으며, 팀의 구성원들의 수련 깊이에 따라 기본동작부터 응용동작, 공연동작, 기술동작 등 단계별 수련이 가능하다. 초보자의 경우 숙련자와 팀을 이뤄 수행하다보면 줄을 넘는 타이밍을 쉽게 익히게 되고, 줄넘기의 회전을 이해할 수 있어 재미있게 수련 가능하다. 줄을 넘어야 하는 목적으로 서로 협동하여 "하낫, 둘"을 외치며 즐겁게 운동할 수 있다.

- 1개의 줄넘기: 맞서서뛰기, 나란히뛰기, 번갈아뛰기 등의 동작으로 개인 줄넘기운동이 가능한 모든 사람들이 수행할 수 있다.
- 2개의 줄넘기: 아메리칸 휠, 차이니즈 휠은 숙련도에 따라 수행할 수 있는데 기본 스텝부터, 회전줄넘기, 기술줄넘기, 프리스타일, 음악줄넘기 등 여러 형태로 활용된다. 이 외에도 줄을 돌리는 사람과 넘는 사람을 구분하여 수업 형태와 놀이 형태로 숙련도에 따라 다양한 방법으로 응용할 수 있다.

(2) 유의사항

줄넘기의 길이는 개인 줄넘기 보다는 긴 것이 좋으며, 파트너 선택에 있어 가장 좋은 방법은 신장과 스피드(속도)가 비슷한 것이 좋다.

둘이 마주 보고 서서 뛰는 경우 보편적으로 키가 큰 사람이 돌려야 된다고 알고 있다. 여러 이유 중 가장 큰 이유는 하나의 줄넘기로 2명이 동시에 뛰는데 키 작은 사람이 돌리게 되면 줄의 회전공간이 좁아 상대의 상해가 우려되기 때문이다.

줄을 넘는 데 있어 일정한 거리 간격을 유지하는 것 또한 매우 중요하다. 너무 가까우면 서로 충돌하게 되고, 점차 멀어지면 줄넘기를 돌리는 반대 사람의 다리에 걸리게 된다.

줄을 지속적으로 회전해 넘기 위해서는 서로의 거리 간격을 유지하며 팔을 이용해 상대방이 충분히 줄을 넘을 수 있도록 앞, 뒤 또는 좌, 우로 크게 돌려주는 것이 좋다.

다른 사람과 함께 줄넘기를 뛰어넘어야 하므로 서로 약속된 타이밍에 줄을 넘기 위해서는 협동과 노력이 필요한 운동이다.

2) 2인 1줄 맞서서뛰기

줄넘기는 한 사람이 잡고 서로 마주 보고 서서 준비한다.
줄 회전과 동시에 두 사람이 함께 줄을 넘는다.
줄을 멈출 때는 뒤로 발을 내밀어 뒷멈춤을 한다.

　□ 맞서서뛰기의 유의사항

　2인 줄넘기의 길이는 개인 줄넘기보다 조금 긴 것으로 줄의 무게감이 있는 구슬 줄넘기로 하는 것이 좋다. 이 동작에서 줄에 잘 걸리는 가장 큰 이유는 앞사람과의 거리가 일정하지 않기 때문이다.
서로 간의 거리가 가까우면 부딪쳐 부상 위험이 있을 수 있고, 멀어지면 줄이 짧아져 다리에 걸리게 된다.

　줄넘기를 잡지 않은 사람이 두 손을 앞으로 뻗어 거리 간격을 체크 후 동일한 거리에서 줄을 함께 넘는 것이 좋다.

□ 향상방법

두 사람이 마주서서의 거리 간격을 조절하는 방법은 사진과 같다.

① 줄을 넘는 사람은 줄넘기를 돌리는 수행자 어깨위에 한손을 가볍게 둔다. 이때 팔꿈치를 살짝 구부린 상태가 가장 알맞은 간격으로 줄을 함께 뛰어넘기에 좋다.

② 두 사람 사이에 풍선을 두어 거리 간격에 대해 눈으로 익히는 또 하나의 방법이 있다.

 JUMP

1응용1) 하나의 줄넘기의 손잡이를 2명이 서로 잡고 앞으로, 뒤로 시작하는 줄을 동시에 뛰어 넘는 동작이다. 둘이 마주보고 서서 줄넘기 손잡이를 하나씩 오른손으로 나누어 잡는다. 한 사람은 뒤로, 한 사람은 앞으로 줄을 1회선 2도약으로 넘는다. 한 사람이 뒤로 다리를 뻗어 줄을 멈춘다.

1응용2) 맞서서뛰기를 기본동작으로 줄을 돌리는 사람을 중심으로 가는 줄로 1회선 2도약으로 넘는다. 줄이 위에서 내려올 때 밖으로 몸을 회전하며 이때 회전한 방향으로 줄이 내려오게 된다. 줄을 돌리는 사람과 수행자가 한 방향을 바라보며 줄넘기를 뒤로 돌려 함께 넘는다. 뒤에 사람이 발을 뒤로 내밀어 줄을 멈춘다.

1응용3) 2인 맞서서뛰기를 바탕으로 3인이 할 수 있도록 응용한 동작이다. 2명의 수행자는 각각 줄넘기를 들고 다른 한명의 수행자와 삼각형 구조로 서서 준비한다. 시작과 함께 3명 모두 제자리에서 도약을 시작하며 파란줄이 위에서 아래를 향할 때 빨간줄도 회전을 시작한다. 줄은 1회선 2도약으로 각각 회전하며 중앙에 있는 사람은 내려오는 파란줄과 빨간줄을 번갈아서 넘는다. 줄을 멈출 때도 중앙에 있는 사람의 발에 걸어 안전하게 멈춰 준다.

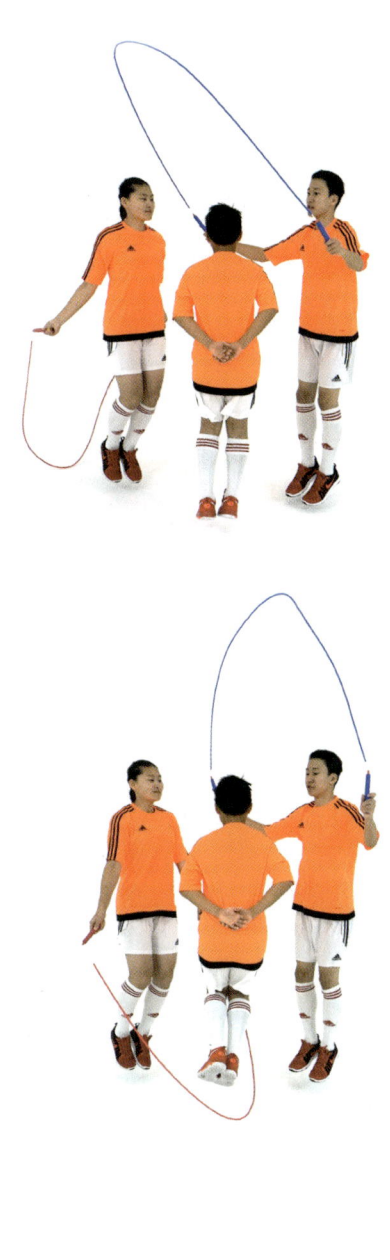

3) 2인 1줄 옆나란히뛰기

　두 사람이 정면을 보고 옆나란히 서서 하나의 줄넘기 손잡이를 각각 바깥손으로 하나씩 잡고 준비한다. 두 사람은 동일한 박자에 줄넘기의 회전을 시작하여 함께 줄을 넘는다. 줄을 멈출 때는 수행자의 안쪽 발을 내밀어 앞멈춤을 한다.

▢ 옆나란히뛰기의 유의사항

　줄넘기 길이는 수행자의 신장에 따라 달라진다. 보편적으로 두 사람이 나란히 서서 양발모아뛰기 할때 짧지 않은 길이가 좋으며 어린이는 2.0m~2.5m, 성인의 경우 2.5m~3.0m 사이가 좋다. 또한 무게감 있는 구슬 줄넘기가 동작을 수행하기 적합하다.

　두 사람이 옆나란히 서서 하나의 줄넘기의 손잡이를 각각 들고 줄넘기를 뛰어 넘는 종목으로 줄에 걸리는 가장 큰 이유는 서로 다른 박자에 줄넘기를 돌리는 것과 옆나란히가 아닌 서로 다른 위치에서 서로 다른 타이밍에 점프다. 이 점을 유의하여 같은 박자에 같은 높이로 도약하여 함께 줄넘기를 넘는 것이 좋다.

> **TIP** 줄을 잘 넘기 위해서는 나란히 섰을 때 서로 간의 거리는 좁은 간격이 좋으며 어깨는 위치가 동일해야 한다.

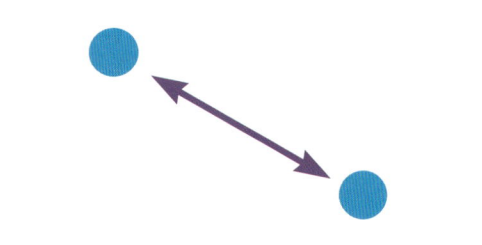

| (좋은 예) 두 사람이 옆나란히 섰을 때 어깨위치가 그림과 같이 일직선이어야 회전해오는 줄넘기를 동일한 박자에 동시에 뛰어 넘을 수 있다. | (안 좋은예) 두 사람이 서로 다른 위치에서 서서 줄을 돌리게 되면 일정한 박자에 줄을 넘지 못하게 된다. |

2응용1) 두 수행자는 줄넘기의 손잡이를 각각 바깥 손으로 잡고, 줄은 두 사람 사이에 위치하여 준비한다. 반대 손은 허리 뒤에서 위치하고, 시작과 동시에 두 수행자 사이에 줄넘기 회전을 시작해 1회 헛치고 내려오는 줄을 함께 넘는 것을 반복한다.

2응용2) 2인 옆나란히 줄을 넘으며 동시에 한 사람은 앞으로, 한 사람은 뒤로 이동한다. 앞쪽을 향해 함께 줄을 넘는다. 줄넘기를 멈추며 손잡이 외 다른 손은 위로 향해 포즈를 취한다. 공연줄넘기로 많이 활용된다.

2응용3) 2인 나란히뛰기를 응용한 동작으로 3인 줄넘기 동작이다. 양 옆의 사람이 줄넘기를 갖고 준비하며, 가운데 수행자가 혼자 줄을 넘은 뒤 3인이 함께 넘는 것을 반복하는 동작으로 줄넘기를 돌리는 양 옆사람이 발을 내밀어 줄을 멈춘다.

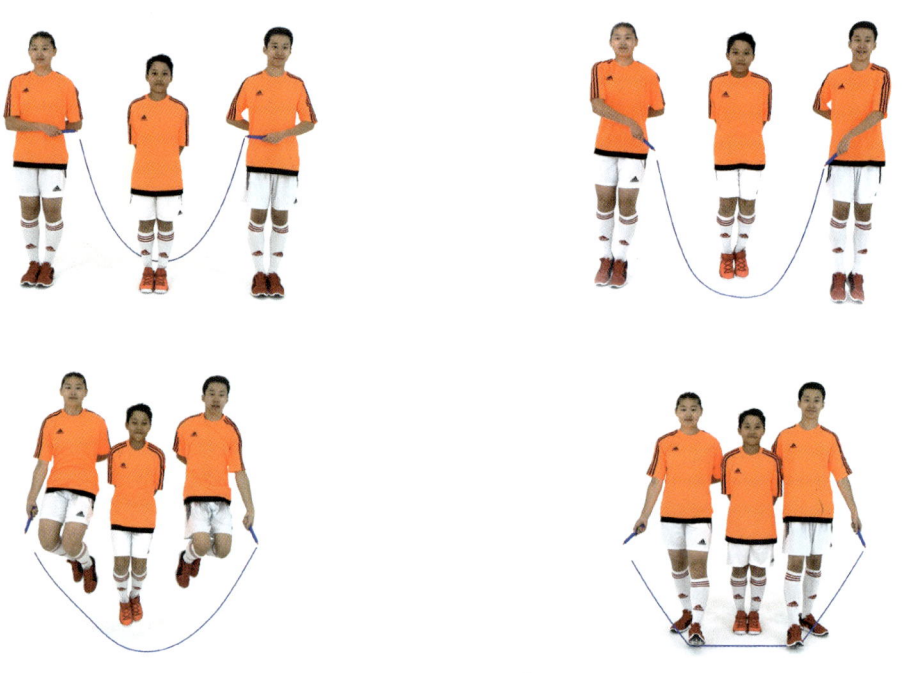

4) 2인 1줄 번갈아뛰기

줄넘기 손잡이를 서로 바깥 손에 잡고 그림 1과 같이 한 사람 중심으로 줄이 무릎 뒤에 위치하여 준비한다. 옆사람이 줄을 넘을 수 있게 내 손을 반대쪽으로 이동해 줄넘기를 돌려주며 회전해 오는 줄을 한 사람씩 번갈아 넘는다. 줄을 멈출 때는 앞으로 발을 내밀어 앞멈춤을 한다.

TIP 두 사람 사이에서 줄을 허리 중심에서 좌·우로 돌려야 하기에 서로 간의 간격은 좁은 간격이 좋다. 너무 좁으면 상대 신체에 줄이 닿게 되고, 너무 넓으면 줄이 짧아져 점프를 필요 이상으로 하여야 하기 때문이다. 또한 옆 사람이 줄을 넘을 수 있는 공간을 충분히 확보하기 위해서는 팔을 돌려 줄넘기의 회전을 끝까지 해주는 것이 좋다.

3응용1) 2인 1줄 번갈아뛰기를 바탕으로 숙련자에게 적합한 번갈아 이중뛰기 동작이다. 시작 동작은 동일하며 도약은 점프가 되어 공중에서 줄을 빠르게 2회 돌려 이중뛰기 동작을 이루게 된다. 이때 다른 수행자도 손목을 빠르게 회전하여 줄넘기를 돌려주며 어깨 높이가 서로 같을 수 있게 같은 높이로 점프한다.

3응용2) 2인 1줄 번갈아뛰며 손잡이를 좌·우 바꾸는 동작이다. 앞서 2인 번갈아뛰기에서 응용한 동작으로 준비동작과 줄을 넘는 방법은 동일하다. 줄 회전이 시작하여 위에서 아래로 내려올 때 손잡이를 반대 손으로 잡으며 줄넘기를 넘는다.

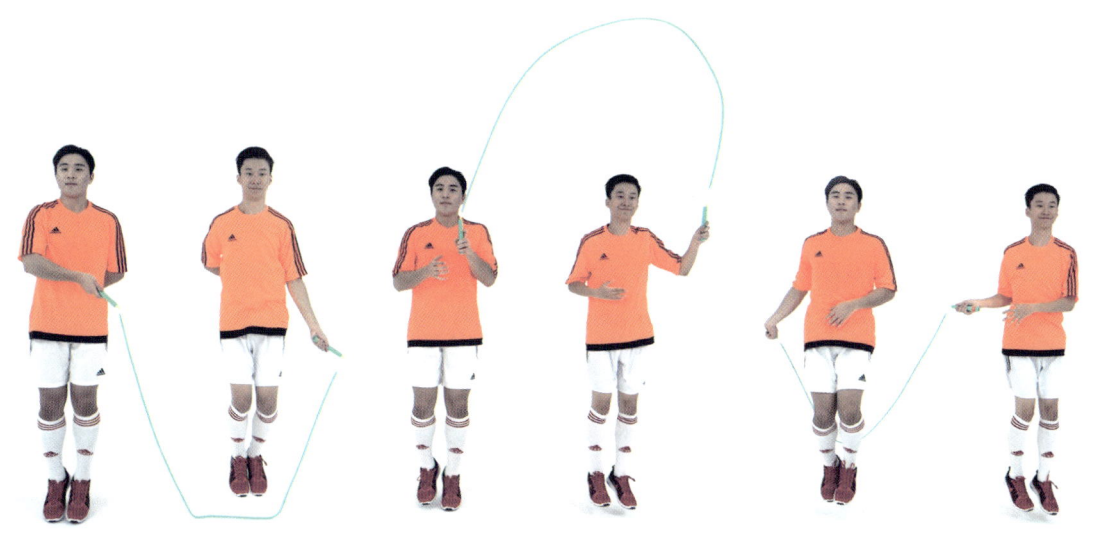

3응용3) 2인 번갈아뛰기에서 응용한 동작으로 3인이 1개의 줄넘기를 1회씩 번갈아가며 넘는 동작이다. 중앙에 위치한 수행자를 중심으로 1개의 줄넘기 손잡이를 양 옆의 사람이 잡고 준비한다. 중앙에 위치한 수행자가 줄넘기를 넘는 것을 시작으로 3명이 번갈아서 줄을 넘는다.

줄넘기 실기_83

5) 2인 2줄 아메리칸 휠

   2명의 수행자는 2개의 줄넘기의 손잡이를 각각 하나씩 나누어 잡고 준비한다. 시작과 동시에 동일한 박자에 두 사람은 시작하여 1회선 2도약으로 줄넘기를 넘으며 줄을 멈춤때는 그림3과 같이 한발씩 내밀어 준다.

TIP   2개의 줄넘기는 같은 길이로 이 동작의 포인트는 손잡이가 돌아가는 위치이다. 줄을 돌리는 팔의 위치는 어깨선까지로 동일한 타이밍에, 동일한 위치에서 줄이 회전한다면 옆사람과 줄이 꼬이지 않고 원활하게 동작을 수행할 수 있다.

4응용1) 2인 2줄 아메리칸 휠을 응용한 동작이다. 1회선 2도약으로 줄넘기를 넘으며 줄이 바닥을 향해 내려올 때 두 수행자는 안쪽의 한 발을 뒤로 빼어 회전할 공간을 만든다. 두 수행자는 줄과 함께 몸을 서로 마주보고 회전을 시작하여, 정면을 향해 돌아올 때는 두 손을 위로 크게 돌려 줄을 펴준다.

4응용2) 1회선 2도약으로 줄넘기를 넘으며 두 줄이 정점에 있을 때 이동할 타이밍이다. 수행자 한 사람은 정면을 향해 있고, 다른 한명은 몸을 안쪽으로 회전해 마주보며 줄넘기의 줄을 하나로 겹친다. 이때 한 사람은 앞으로, 다른 한 사람은 뒤로 줄을 넘는다.

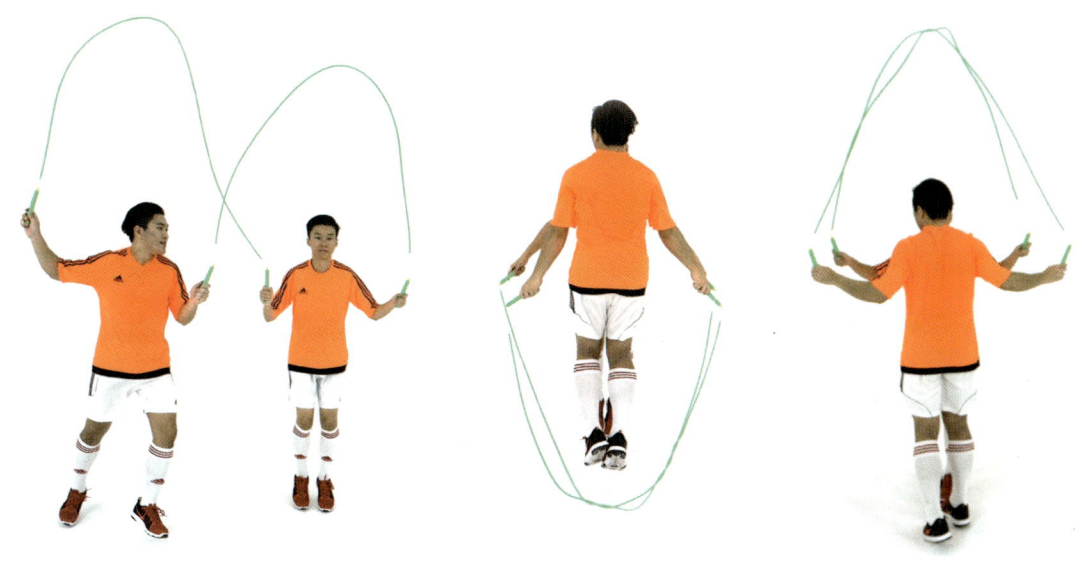

4응용3) 3인 3줄의 아메리칸 휠 줄넘기 동작이다. 3명의 수행자가 각 1개의 줄의 한 손잡이를 옆사람과 나누어 갖고 준비한다. 시작과 동시에 줄넘기 회전을 시작하며 수행자 역시 동일한 타이밍에 줄을 넘는다.

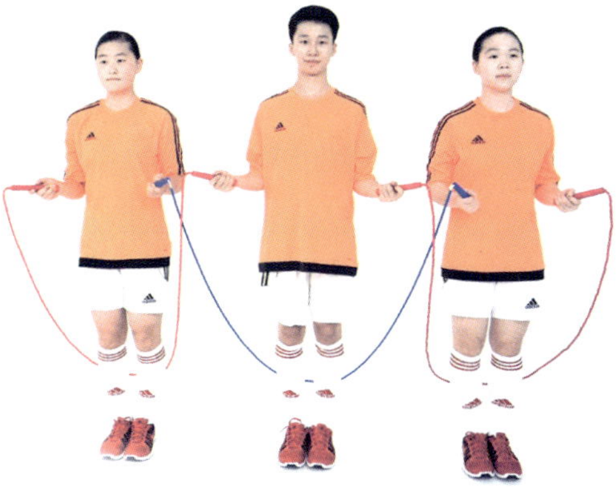

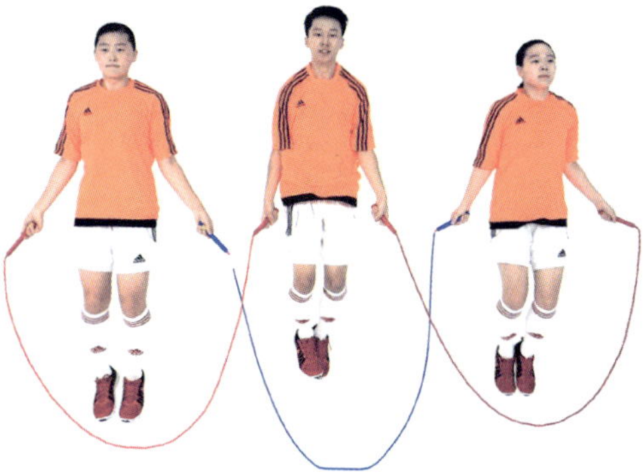

6) 2인 2줄 차이니즈 휠

　아메리칸 휠과 준비 자세는 동일하지만, 줄이 반회선 차이로 돌아가며 한명씩 번갈아 줄넘기를 넘는다. 그림 2와 같이 빨간색 손잡이를 먼저 뒤로 뻗으며 줄이 회전할 준비를 하고, 파란색 손잡이는 그 자리에 위치한다. 먼저 회전해 오는 빨간줄을 한 사람이 넘으며 반회선 차이로 넘어오는 파란줄은 옆 수행자가 넘는다.

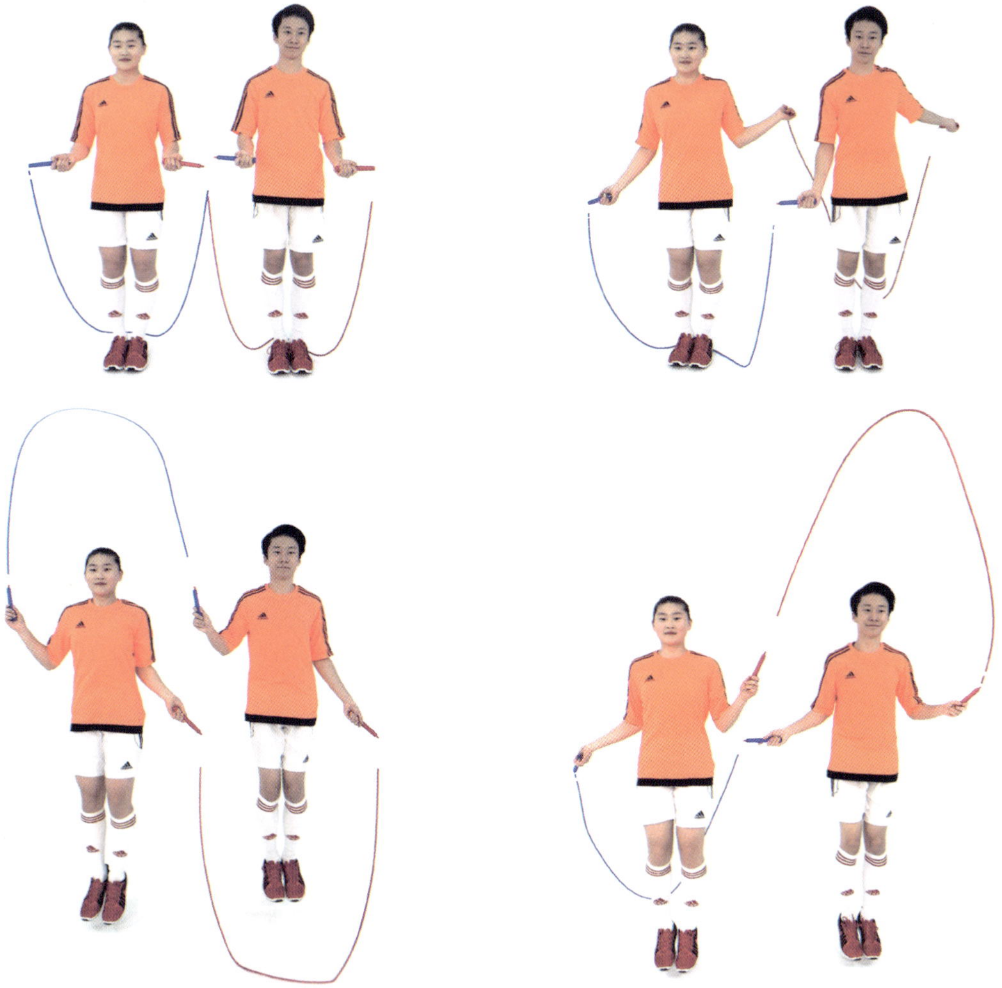

TIP 　2개의 줄넘기를 반회선 차이로 돌리는 것은 쉽지 않다. 차이니즈 휠 동작을 수행하기 위해서는 줄을 반회선 차이로 돌리는 것을 우선으로 연습하는 것이 줄넘기를 이해하고 뛰기도 수월해진다. 혼자서 2개의 줄넘기를 가지고 반회선 차이로 돌려보자.

 JUMP

☞ 같은 길이의 2개의 줄넘기를 잡고 한손으로 시작하여 두손이 서로 다른 타이밍에 줄넘기를 돌린다. 줄을 돌리는 것이 익숙해지면 제자리에서 두발 모아 점프하면서 줄넘기를 돌려보자. 줄을 돌리며 점프하기에 넘는 타이밍을 익힐 수 있다. 다만 처음 접하는 초급자의 경우 줄 회전에 따라 몸을 비틀거리기 쉬우니 시선과 몸은 정면을 향하도록 한다.

차이니즈 휠 줄넘기를 넘는 스텝은 두발모아뛰기부터 번갈아뛰기, 앞흔들어뛰기, 옆흔들어뛰기 등 다양한 동작을 통해 수행할 수 있다.

5응용1) 차이니즈 휠를 기본동작으로 두 사람이 회전하는 동작이다. 파란줄이 위에서 내려오는 타이밍에 한명의 수행자 몸을 안쪽으로 회전, 다른 수행자도 따라 몸을 안쪽으로 회전하여 정면으로 돌아와 줄넘기를 넘는다. 회전 시 손은 어깨높이에서 가는 방향에 따라 돌아가게 된다.

5응용2) 개인 줄넘기 크루거 동작을 두명이 하는 것으로 손을 엇걸어 풀어뛰기에 숙련자에게 적합하다. 차이니즈 휠 두발모아뛰기를 기본동작으로 파란줄이 위에서 내려올 때 두 수행자는 오른발을 들어 오른손이 들어갈 공간을 만들어 준다. 파란줄이 위에서 바닥을 향할 때 오른손을 반대쪽으로 이동, 빨간줄이 내려올 때 손을 엇걸어 줄을 넘으며 반회선 차이로 넘어오는 파란줄을 푸르며 처음동작으로 돌아온다.

5응용3) 3인 3줄의 차이니즈 휠 줄넘기 동작이다. 3명의 수행자가 각 1개의 줄넘기 손잡이를 옆사람과 나누어 갖고 준비한다. 양쪽 끝의 수행자가 돌리는 중간의 빨간줄이 먼저 회전을 시작, 2도약으로 줄을 넘고 돌리기 때문에 파란줄은 반 박자 뒤에 회전을 시작한다. 이때 중앙에 있는 수행자의 두 손은 동시에 줄넘기를 돌리지만, 양 끝에 있는 수행자는 줄을 반회선 차이로 돌리는 차이니즈 휠로 돌리게 된다.

3 긴 줄넘기

교육목적
긴 줄의 특성을 이해하고 단계별 운동학습에 따라 동작과 지식을 습득한다.

1) 긴 줄넘기의 특성 및 효과, 유의사항

(1) 긴 줄넘기의 특성

여러 사람이 함께 하는 긴 줄넘기의 줄의 길이는 4m, 6m, 8m 등 여러 길이로 되어 있으며 수업형태, 놀이형태, 경기종목, 공연형태 등 목적에 따라 줄넘기를 선택하는 것이 좋다. 또한 줄의 선택의 경우 운동방법 및 참여인원 그리고 수행하는 이의 신장에 따라 선택하는 것이 좋으며, 경기종목으로는 학교체육으로 많이 수행되는 긴 줄 8자 마라톤, 긴 줄 4도약, 긴 줄 뛰어들어 함께 뛰기가 있고, 예능 방송에서 자주 선보이며 단체 화합을 도모할 때 많이 하는 긴 줄 함께뛰기 등 레크레이션 용도로도 많이 활용된다.

수업형태로는 긴 줄넘기 통과하기, 넘고 나가기, 1인 및 2인 함께 뛰기 등 정면과 옆으로 출입하여 진행할 수 있다.

이러한 종목들은 각 단계에 따라 수준별 수업이 가능하기 때문에 수행자들은 동기유발과 흥미를 느낄 수 있으며 스트레스 해소에 도움을 준다. 또한 다른 사람들과의 자유로운 만남을 통해 다양한 즐거움과 재미요소를 찾을 수 있으며, 이에 충족감을 주어 운동능력 향상과 대인관계에 대한 만족도가 높아져 학교체육과, 생활체육으로 많이 수행되고 있다.

(2) 긴 줄넘기의 운동효과

긴 줄넘기 운동방법에 속하는 단체 줄넘기는 여럿이 함께 할 수 있는 장점으로 많은 사람들이 어울려 운동함으로써 공동체 의식속에 일체감과 협동심을 기를 수 있다.

한 두명의 뛰어난 선수에 의해 이루어지는 것이 아닌 팀 전체의 호흡이 중요하며 자신의 실수가 곧 팀으로 직결되는 상황에서 책임감을 향상 시킬수 있는 운동이다.

기초체력 향상과 더불어 길러진 일체감과 협동심은 원만한 교우관계 형성에 도움이 되고 지속적인 흥미와 목표의식을 부여할 수 있다.

긴 줄넘기 운동은 점증적 강도에 따라 달리고 점프하는 운동으로 산소 섭취량을 증가시켜 심폐지구력 향상에 긍정적인 영향을 미친다.

긴 줄 8자 마라톤은 기존의 줄넘기 운동에 비해 새로운 형태로서 전체적인 몸을 사용하는 운동으로 달리기보다 더 많은 칼로리를 소비해 운동효과가 탁월하고, 신체적 컨트롤 능력, 속도, 민첩성, 근력, 리듬을 향상시키는 장점도 있다.

긴 줄로 돌아가기에 줄넘기의 회전력이 크고 점프하는 과정에서 관절 가동범위가 건·인대, 근육까지 확장되어 유연성에 유의한 영향을 미친다.

이렇듯 긴 줄넘기 운동을 통한 신체적 향상은 물론 단체종목으로써 사회성 향상에 긍정적인 효과를 심어줄 수 있다.

(3) 유의사항

긴 줄넘기 안에서 2도약 또는 1도약으로 줄을 넘어야 하기에 줄을 넘는 타이밍을 알고 연속 점프가 가능할 수 있도록 개인 줄넘기를 통해 충분히 연습한다. 긴 줄넘기는 줄이 4m부터 8m까지 여러 개의 긴 줄이 수업목적에 따라 쓰이게 되는데 긴 줄넘기의 회전 반경이 매우 커서 줄넘기 안으로 출입이나 연속뛰기에 어려움을 느낄 수 있다.

긴 줄넘기 안으로 들어가야 되는 출입 타이밍과, 줄 밖으로 이동해 나가는 위치를 익힐 수 있게, 줄넘기의 길이마다 회전을 이해하고 포물선의 크기에 따라 줄을 넘고 나갈 수 있는 단계별 연습을 거친 뒤 시작하는 것이 좋다.

☞ 긴 줄넘기를 돌릴때는 두 사람이 마주 보고 줄을 돌리게 되는데 이때 줄을 돌리는 팔과 손의 위치는 두 사람이 서로 동일하게 해야 긴 줄이 출렁이지 않고 포물선을 유지하며 일정한 속도로 회전할 수 있다. 또한 줄넘기 안의 공간을 최대한으로 확보하기 위해 줄넘기를 돌리는 사람이 줄을 든 팔의 반대 어깨까지 넣어 돌려주는 것이 좋다.

긴 줄넘기 돌아갈 때는 중간 부분만 바닥에 스쳐 회전하는 것이 좋으며, 힘차게 돌릴 경우 줄이 바닥에서 팅겨져 올라와 발에 걸리는 부상을 초래할 수 있다.

긴 줄넘기의 경우 줄넘기를 돌리는 사람이 매우 중요하다. 누가 어떻게 돌리느냐에 따라 회전 폭이 달라질 수 있고, 줄이 꼬여 뛰는 사람이 어려움을 겪을 수 있기 때문이다.

줄넘기 길이에 따라 큰 포물선을 그리며, 일정한 속도로 회전운동이 지속 가능하도록 줄넘기 돌리는 연습이 충분히 필요하다.

2) 긴 줄 출입법

(1) 정면 출입

긴 줄넘기를 돌리는 방향은 수행자가 쉽게 줄 안으로 출입할 수 있는 가는줄로 돌린다. 가는 줄이란 줄을 넘는 수행자를 중심으로 눈밑으로 내려가 회전해 오는 줄을 말한다.

긴 줄넘기는 가는 방향으로 회전을 시작하며 줄을 넘는 수행자는 밖에서 준비한다. 줄이 수행자를 스쳐 내려갈때 수행자는 긴 줄넘기 안으로 뛰어 들어간다. 줄이 한 바퀴 회전하는 사이에 이루어지는 동작으로 이때 줄을 넘지 않고 통과해 줄 밖으로 나간다.

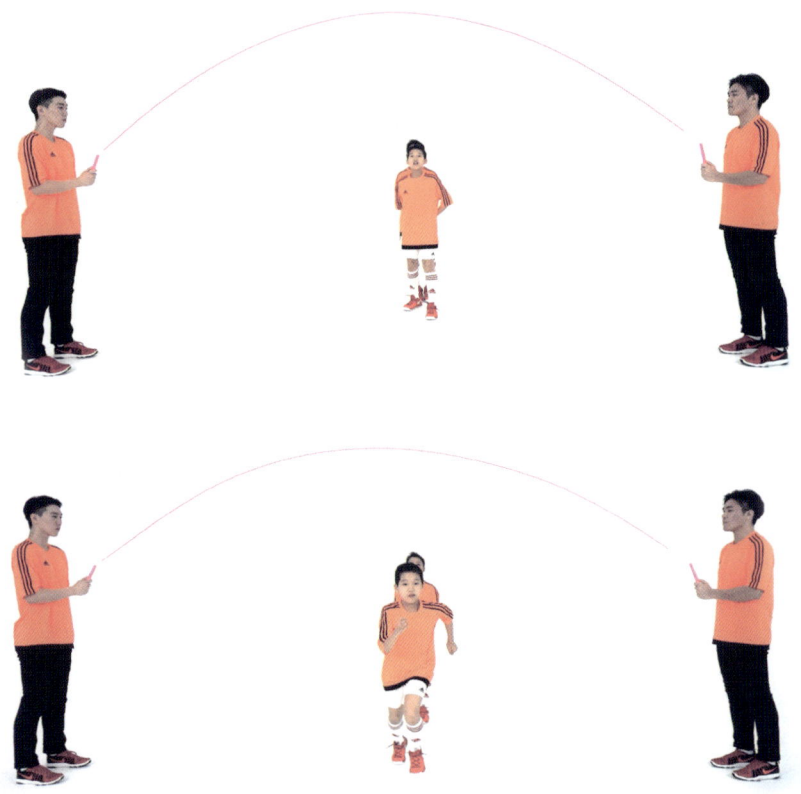

● 긴 줄넘기와 친해지는 첫 단계로 정면 출입법을 해보자. 줄 안으로 출입과 나가는 방법을 익히며 보다 긴 줄넘기의 회전을 쉽게 이해할 수 있을 것이다.

1응용1) 줄 넘고 나가기 긴 줄넘기 안으로 출입과 나가는 법을 익혔다면 다음 단계로 줄을 넘고 나간다.

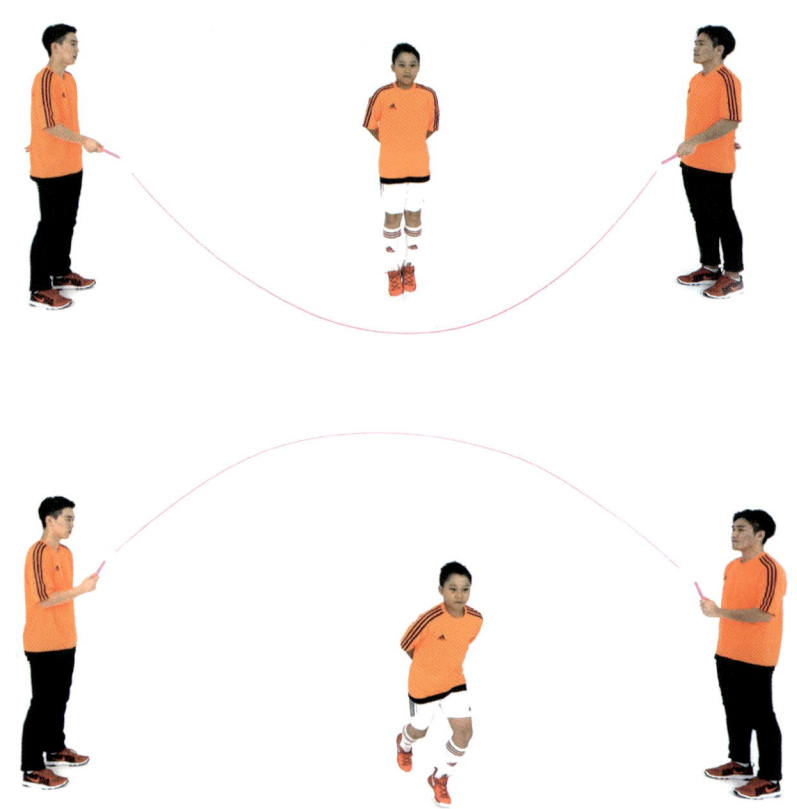

TIP 마주보고 서서 줄넘기를 돌리는 두 사람은 다리를 어깨너비로 벌려준다. 줄을 넘는 수행자는 긴 줄넘기 안으로 뛰어들어갔을 때, 줄을 넘는 위치는 어깨너비로 벌린 다리 사이에서 줄을 넘는 것이 가장 이상적이며, 줄이 지면에 가장 많은 부분이 스치는 중앙에서 가볍게 뛰는 것이 좋다.

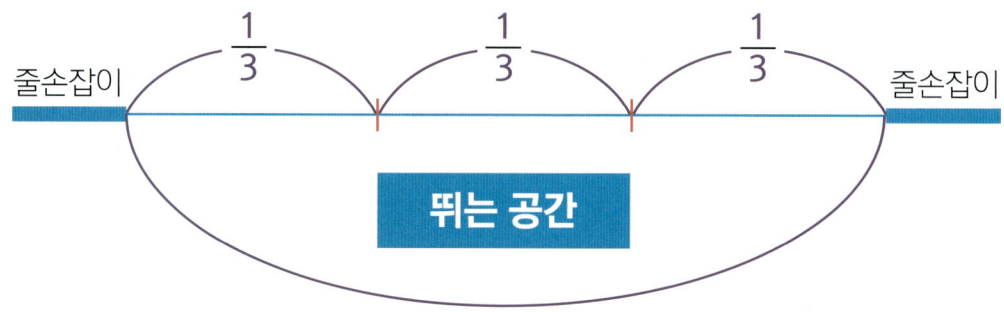

1응용2) 양 방향 줄 넘고 나가기 위와 같은 출입 방법을 습득한 후에는 두 사람이 함께 해 보자. 양 방향 출입법은 긴 줄넘기를 중심으로 2명의 수행자가 마주 보고 줄 안으로 출입하여 한 사람은 가는 줄, 한 사람은 오는 줄로 동시에 긴 줄넘기 안으로 출입해 넘으며 나간다.

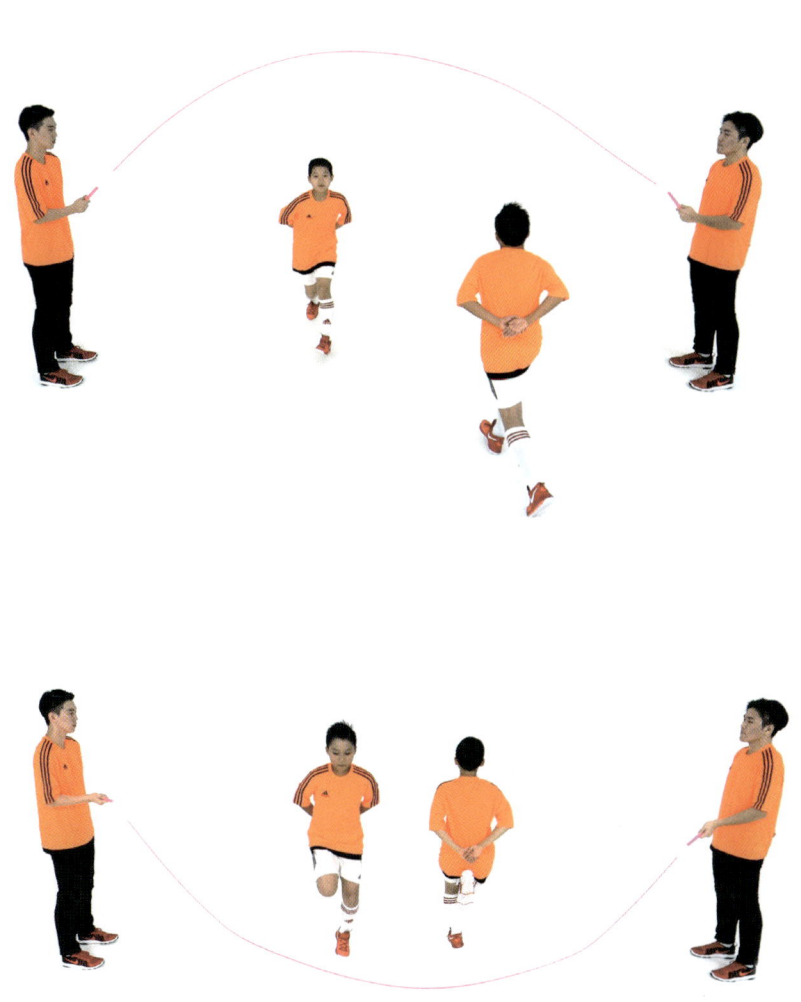

(2) 옆 출입

　수행자는 줄을 돌리는 사람보다 한걸음 앞으로 나가 서서 그림 1과 같이 준비한다. 너무 앞에 나가 서면 줄과 충돌하게 되고, 뒤에서 출발할 시 줄 안으로 들어가는 거리가 멀어 동일한 타이밍에 시작해 뛰어 들어가더라도 줄넘기 안으로 진입이 거리상 어렵기 때문이다.

　긴 줄넘기를 돌리는 사람 옆에 줄을 넘는 수행자는 한 줄로 서서 준비한다. 회전하는 긴 줄넘기 안으로 출입 시 시선은 회전하는 줄을 따라가며 줄이 자신의 몸을 스쳐 내려갈때 한발을 내딛어 긴 줄넘기 안으로 뛰어들어가 반대 방향으로 나간다. 다음 수행자들도 같은 방법으로 긴 줄넘기를 통과해 나간다.

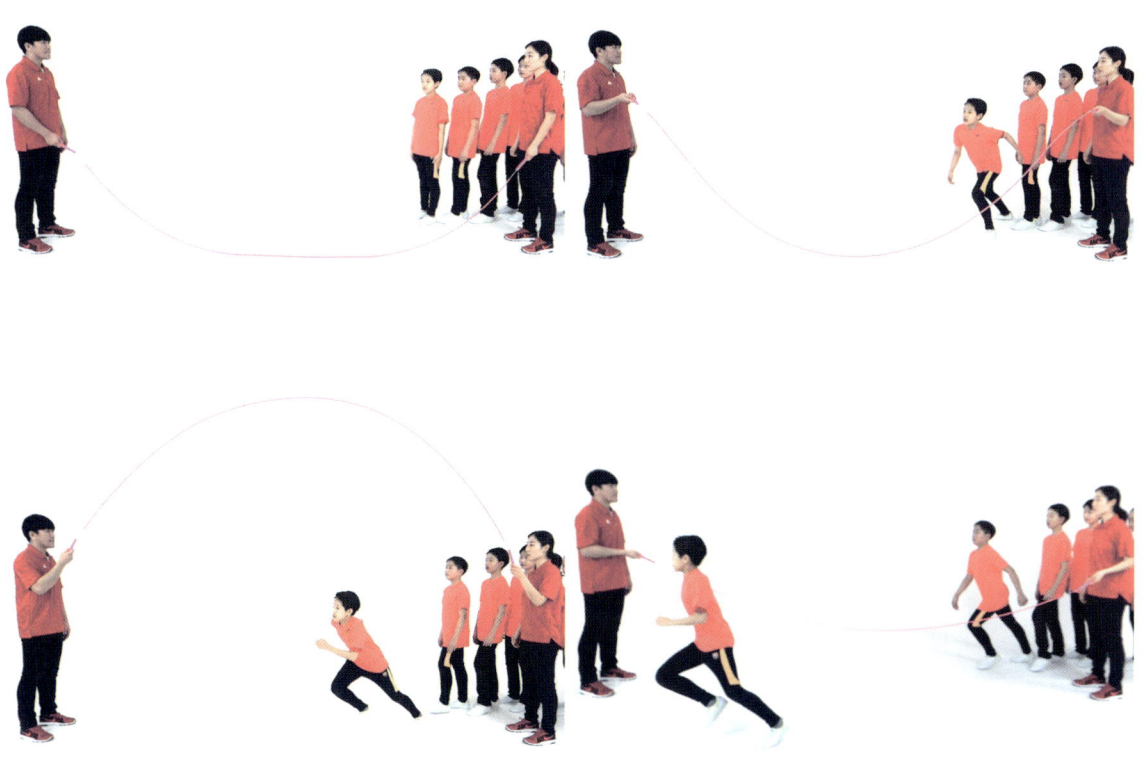

TIP 긴 줄넘기 안에 진입해 통과하는 수행자가 위 사진과 같이 상체를 숙이지 않고 안전하게 줄을 통과 하려면 첫째, 긴 줄넘기 안으로 출입하는 박자를 익히고, 둘째, 줄 길이의 포물선이 가장 큰 2/3지점 까지 뛰어 들어와 밖을 향해 나갈 때는 3/3지점에서 줄 돌리는 사람을 스치듯 나간다.

 줄 안으로 뛰어 들어가 대각선으로 줄 밖으로 이동하는 것은 쉽지 않다. 위와 같이 줄 통과하기는 긴 줄넘기 안으로 들어갈 타이밍과 밖으로 이동하는 위치를 연습하기에 좋은 방법이다. 빠르게 뛰는 것도 좋지만 긴 줄넘기의 어느 지점에서 통과해야 수월하게 나갈 수 있는지를 익히기 위해 좋은 연습과정이 될 것이다.

2응용1) 줄 넘고 나가기 긴 줄넘기를 돌리는 사람보다 수행자는 앞에서 준비한다. 큰 보폭으로 내딛으며 2~3걸음에 줄 중앙까지 뛰어 들어간다. 회전해 오는 긴 줄넘기를 가볍게 넘는다. 이때 제자리에서 줄을 넘는 것이 아니라, 앞으로 나아가며 줄을 넘는 것이 좋다. 계속 회전하는 긴 줄넘기에 다음 수행자들도 연속해 넘고 나간다.

2응용2) 긴 줄 8자 마라톤

앞서와 같이 줄을 넘는 수행자는 긴 줄넘기를 돌리는 사람 앞에서 준비하여 줄 안으로 뛰어 들어가 1회 넘고 나가서 줄넘기를 돌리는 사람을 중심으로 돌아 반대쪽에서 다시 줄을 넘고 나간다. 이것을 연결한 형태로 줄을 넘게 되는 것이 긴 줄 8자 마라톤이다.

기존의 줄넘기 운동과 다른 형태로 달리기보다 더 많은 칼로리를 소비해 운동 효과가 탁월하고 신체 컨트롤 능력, 속도, 민첩성, 근력, 리듬을 향상시키는 장점이 있다. 또한 기초체력 향상과 더불어 줄넘기를 통한 일체감과 협동심을 길러주어 원만한 교우관계 형성에 도움이 되며 지속적인 흥미와 목표 의식을 부여할 수 있어 학교체육과 생활체육 경기종목으로 많이 활용되고 있다.

2응용3) 양 방향 동시에 줄 넘고 나가기 줄을 넘는 수행자는 양쪽 동일한 인원으로 긴 줄넘기 돌리는 사람 옆에 서서 준비한다. 줄 회전은 가는줄 방향으로 양 쪽의 두 수행자는 동시에 긴 줄넘기 안으로 뛰어 들어간다. 줄을 뛰어 넘을때는 두 수행자 모두 줄 중앙에서 앞·뒤로 위치한다. 줄을 넘고 나가는 동시에 다음 수행자는 준비, 회전해 오는 줄에 바로 출입하여 연속적으로 수행한다.

☞ 긴 줄 8자 마라톤 운동이 숙달되었을시 가능하며, 체력운동 또는 놀이형태로 이루어질 수 있다.

4 장단 복합 줄넘기

> **교육목적**
> 긴 줄넘기 안에서 개인 줄넘기를 시작으로 다른 길이의 줄을 함께 돌리고, 뛰고, 넘으며, 다양한 동작들을 응용함으로써 줄넘기 수련의 폭을 넓히고 수업으로써의 용도와 대회, 공연 목적으로 구분하고 지식을 습득한다.

1) 장단 복합 줄넘기 특성 및 유의사항

(1) 장단 복합 줄넘기의 특성

긴 줄넘기 안에서 개인 줄넘기를 비롯해 여러 줄넘기가 함께 어울릴 수 있으며, 그 종류와 형태는 아주 많다. 크게는 긴 줄넘기 안에서 개인 줄넘기, 2인 줄넘기, 3인 줄넘기 등을 이루는 긴 줄 속 장단 복합 줄넘기와 길이가 서로 다른 여러개의 줄을 함께 뛰는 장단 복합 줄넘기, 짐네스틱 동작을 통해 줄을 넘는 공연 줄넘기 등으로 나눌 수 있다.

수업형태와 공연형태로 많이 선보이는 장단 복합 줄넘기는 개인 줄넘기 동작을 익힌 후 긴 줄넘기 안에서 자신의 수준에 따라 함께 줄을 넘는 방법으로 연습을 통해 지속적으로 운동수행이 가능하다는 것이 큰 특징이다.

자신의 수준에 맞는 줄넘기 동작은 성취 가능성이 있는 목표를 향해 연습하게 되고 집중력 향상을 기대할 수 있다. 이러한 집중력 상승은 운동 수준을 높게 해주어 점차적으로 실력향상을 통해 줄넘기 고난도 기술을 익혀가는 재미와 만족감을 느낄 수 있으며 2인이 팀을 이뤄 목마 태우고 줄넘기를 넘는 등 이색적인 퍼포먼스도 연출이 가능하다.

여러개의 줄넘기 회전을 통한 화려함과 다양한 응용 동작을 통해 여러 장르 복합이 가능하기에 줄넘기를 수행하는 이도, 보는 사람들도 즐거움을 더할 수 있다.

장단 복합 줄넘기의 경우 정해진 룰 없이 긴 줄넘기 안에서 개인 줄넘기를 함께 뛰는 것을 시작으로 같은 길이의 여러 줄넘기를, 다른 길이의 줄넘기를 함께 또는 서로 다르게 돌림으로써 형태 변화가 무궁무진하다. 수행자의 실력에 따라 난이도를 설정할 수 있으며, 목적에 따라 다양하게 연출이 가능하다.

(2) 장단 복합 줄넘기의 유의사항

　줄넘기 동작에 따라 긴 줄넘기 포물선의 크기를 조절할 수 있어야 하기에 줄을 돌리는 사람은 숙련자가 적합하며, 동작과 동작 사이에 연결하는 줄은 회전력을 강·약으로 조절하여 돌려줄 수 있다.

　여러 개의 줄넘기가 겹쳐 함께 돌아가기 때문에 엉키지 않게 꼬임을 방지하려면 복합 줄넘기의 가장 밖에 위치해 회전하는 긴 줄넘기와 함께 돌리는 것이 좋으며, 줄이 바닥에 닿일 때 힘을 잃지 않도록 팔을 이용해 돌려주는 것이 좋다.

　긴 줄넘기 안에 개인 줄넘기 안으로 출입하는 동작을 이룰 시 줄넘기 회전반경이 매우 크니, 줄이 아래에서 위로 올라가는 타이밍에 줄넘기 안으로 진입해 함께 줄넘기를 넘는 것이 안전하게 할 수 있는 방법이다.

　장단 복합 줄넘기는 숙련자 이상의 수행자가 할 수 있는 종목으로, 개개인마다 역할이 주어진다. 한 사람의 실수가 동작 전체에 영향을 미치기에 어떠한 상황에서도 본인에게 주어진 역할을 충실히 이행하여야 하며, 이를 통해 개인적인 성장과 책임의식 같은 발전경험을 체험할 수 있다.

2) 긴 줄넘기 안으로 개인 줄넘기 출입

(1) 정면 출입

① 개인 줄넘기 수행자는 긴 줄넘기 밖에서 정면을 바라보고 준비한다.
② 긴 줄넘기는 개인 줄 수행자를 기준으로 바닥을 치고 다가오는 오는 방향으로 돌리며, 개인 줄넘기 수행자는 긴 줄넘기가 자신의 얼굴쯤 왔을 때, 개인 줄넘기를 크게 돌리며 긴 줄넘기 안으로 걸어 들어간다.
③ 긴 줄넘기 안에 개인 줄넘기 위치는 줄을 돌리는 사람의 다리 사이로 포물선이 가장 큰 곳이라 줄이 서로 겹치지 않아 동작을 성공하기가 쉽다.
④ 개인 줄넘기 수행자가 발을 앞으로 내밀어 긴 줄넘기와 동시에 멈춘다.

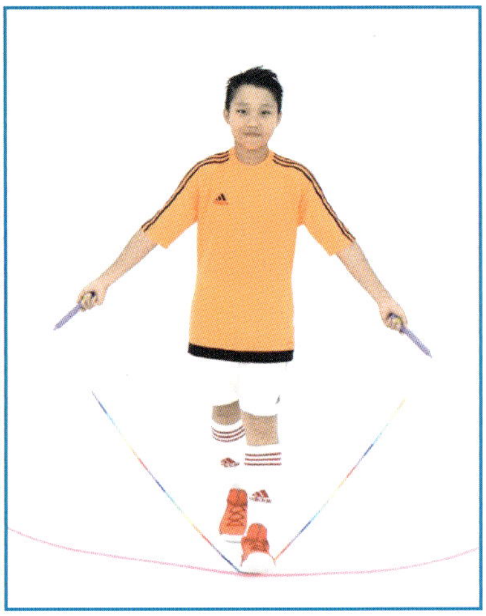

(2) 측면 출입

① 개인 줄넘기 수행자는 긴 줄넘기 돌리는 사람 옆에서 준비한다.
② 긴 줄넘기는 개인 줄 수행자를 기준으로 오는 방향으로 회전하며 줄이 위로 올라갈 때 개인 줄넘기 수행자가 줄을 위로 크게 돌리며 줄 안으로 걸어 들어간다.
③ 긴 줄넘기의 포물선이 가장 큰 긴 줄의 중앙에서 줄돌이를 보며 개인줄을 넘는다.
④ 개인 줄넘기 수행자는 발을 옆으로 내밀어 긴 줄넘기와 함께 줄을 멈춘다.

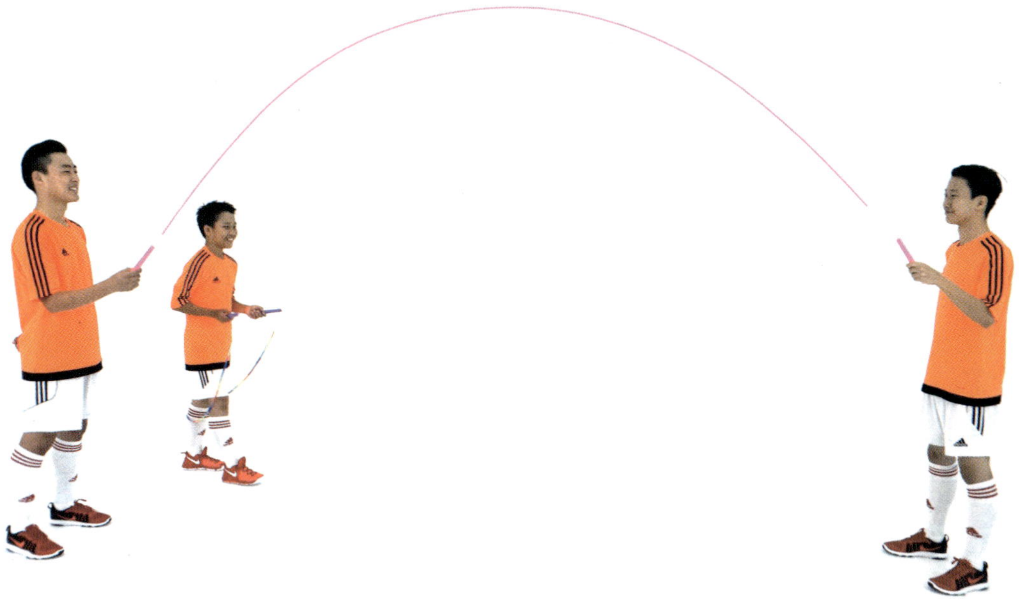

(3) 줄 뒤로 출입

① 개인 줄넘기 수행자는 줄넘기를 아래와 같이 잡고 긴 줄넘기 밖에서 준비한다.
② 긴 줄넘기는 개인 수행자에게 가는 방향으로 돌리며, 개인 줄넘기 수행자는 줄을 뒤로 크게 돌리며 긴 줄넘기 안으로 뛰어 들어간다.
③ 개인 줄넘기 수행자는 긴 줄넘기와 함께 1회선 1도약으로 양발모아 줄을 넘는다.
④ 줄을 멈출때는 개인 줄넘기 수행자의 뒷멈춤으로 한다.

(4) 양 방향 동시 출입

① 긴 줄넘기 하나를 사이에 두고 개인 줄넘기 수행자의 앞사람은 줄을 옆으로 준비, 마주보는 사람은 줄을 몸 뒤에서 준비한다.
② 앞사람은 줄을 뒤를 향해 던지며, 마주보는 사람은 줄을 뒤에서 앞으로 던지며 동일한 타이밍에 긴 줄넘기 안으로 뛰어 들어간다.
③ 한 개의 긴 줄넘기에 개인 줄넘기 2명 수행자는 앞으로, 뒤로 동시에 줄을 넘는다.
④ 8박자 후 앞으로 넘는 수행자는 앞멈춤, 뒤로 넘는 수행자는 뒷멈춤으로 줄을 멈춘다.

3) 장단 복합 개인 줄넘기

* 긴 줄넘기 안 개인 줄넘기 준비자세

긴 줄넘기 안 개인 줄넘기의 시작자세는 동일하며 긴 줄넘기는 가는줄 방향으로 회전한다.
 개인 줄넘기 수행자의 자세는 양쪽 어깨와 몸통이 정면을 바라보며 상체가 흔들리지 않게 반듯하게 유지한다.

(1) 양발모아뛰기

긴 줄넘기와 개인 줄넘기가 함께 회전을 시작한다. 긴 줄넘기를 1회선 회전할 때 개인 줄넘기는 1회선 2도약과 1도약으로 줄을 넘는다. 숙달된 후에는 이중뛰기로 넘는다.

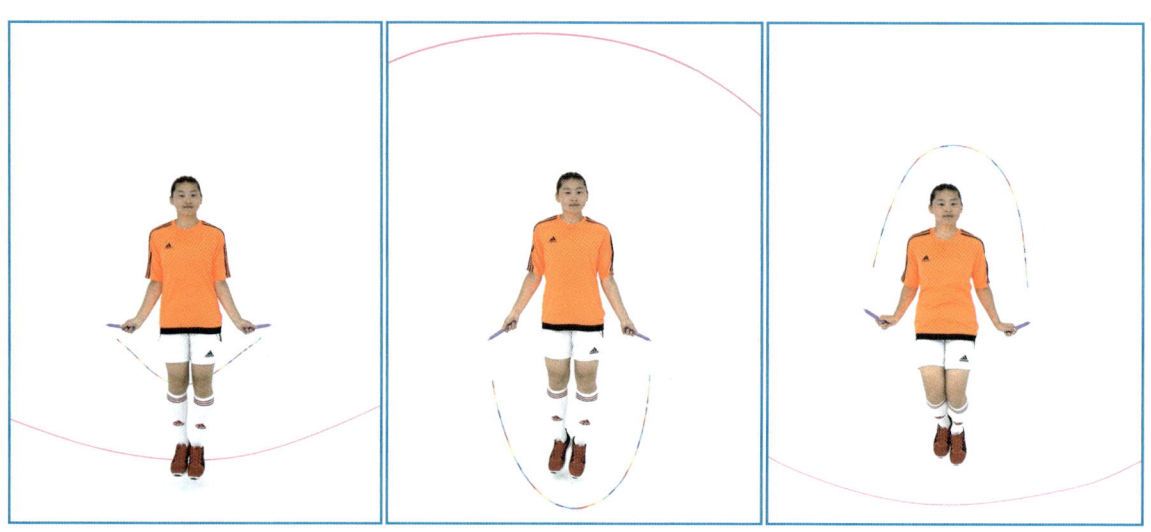

> **TIP** 긴 줄넘기와 개인 줄넘기가 함께 회전을 하되 서로 겹쳐져 돌아가지 않는 것이 좋으며 바닥을 스치듯 돌려주는 것이 긴 줄넘기 안에서 걸리지 않고 줄을 넘을 수 있는 가장 좋은 방법이다.

(2) 줄 멈춤

개인 줄넘기 수행자가 발을 내밀어 긴 줄넘기와 함께 멈추는 방법은 다양하다. 개인 줄넘기를 오픈해서 멈추는 방법 외에도 한손을 제한한 EB동작, 두손을 엇걸은 동작이 있다.

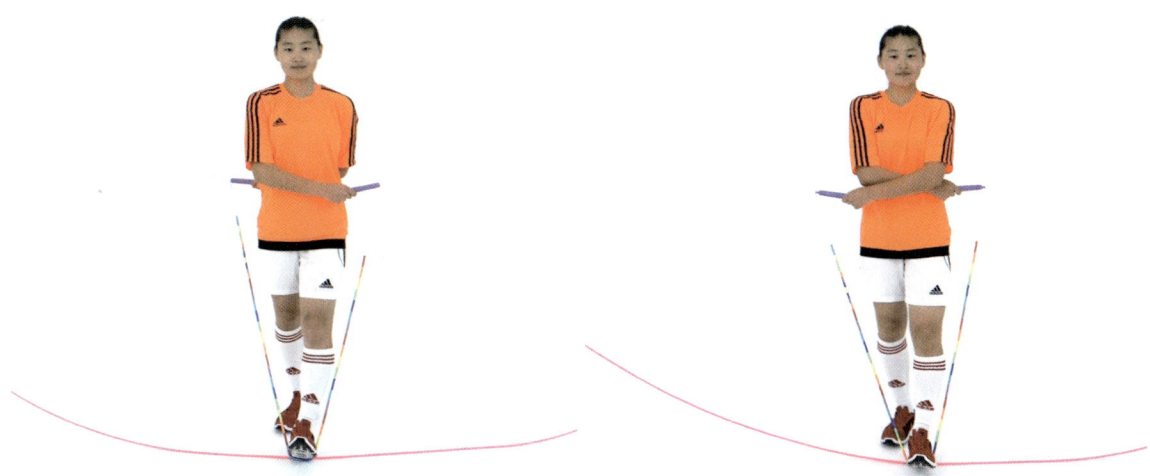

(3) 엇걸어뛰기

개인 줄넘기 수행자는 손을 엇걸어 1도약으로 줄을 넘는다.

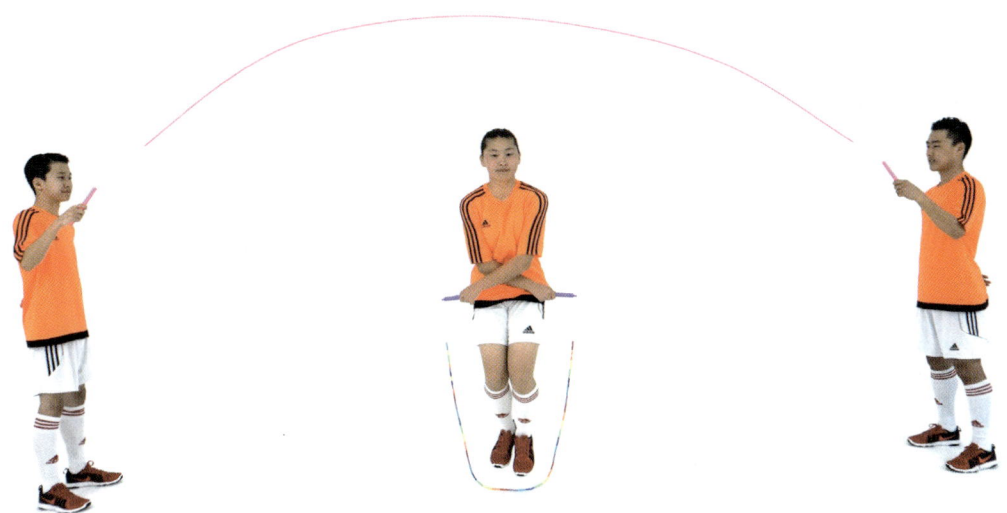

(4) Eb 동작

개인 줄넘기 수행자는 손을 앞·뒤로 제한한 상태에서 반대쪽에 위치한다.
손목을 이용해 줄을 돌려 Eb로 넘는다.

(5) 되돌려 옆 흔들어뛰기

긴 줄넘기와 개인 줄넘기를 함께 1회 넘은 후 긴 줄넘기가 위를 향해 올라갈 때 개인 줄넘기 수행자는 왼쪽으로 줄을 되돌려 한발로 넘는다.

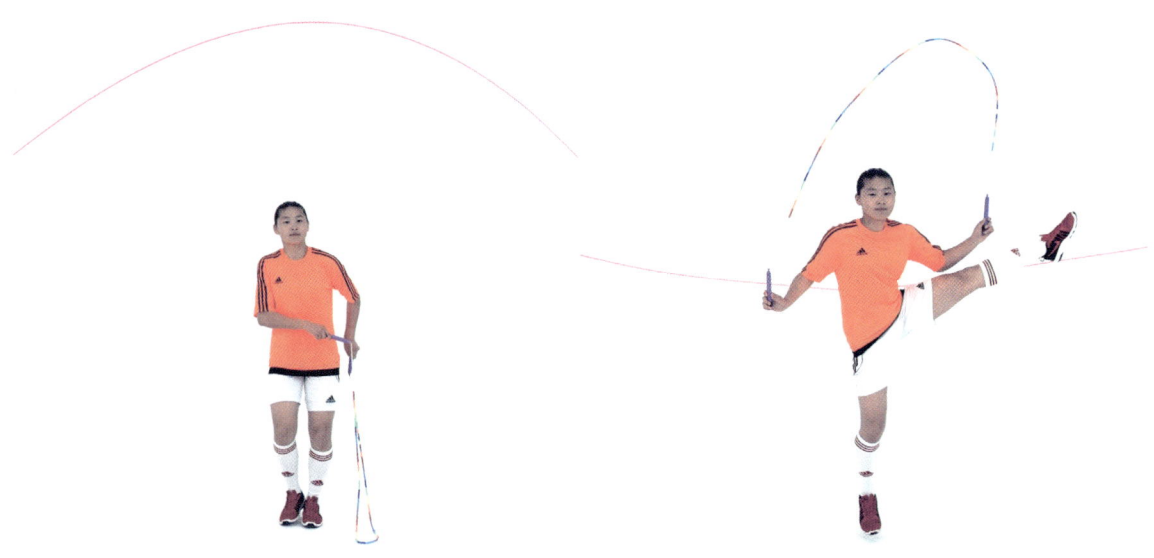

(6) Crouger 동작

긴 줄넘기 안에서 개인 줄넘기를 1회선 2도약 양발모아뛰기로 시작한다. 내려오는 줄에 개인 줄넘기 수행자는 왼발을 들고, 왼 손을 무릎뒤로 깊숙이 넣어 양손이 같은 위치에서 줄을 돌려주며 한발로 긴 줄넘기와 개인 줄넘기를 동시에 넘는다.

(7) Toad 동작

개인 줄넘기를 1회선 1도약으로 시작하여 오른발을 드는 동시에 두손은 교차해 아래 위치한 왼손은 든 다리 무릎뒤로, 위에 위치한 오른손은 반대 허리 옆으로 이동한다. 엇걸어진 개인 줄넘기와 함께 내려오는 긴 줄넘기를 한발로 넘는다.

(8) Release skill

긴 줄넘기 안에서 개인 줄넘기 이중뛰기로 점프하며, 줄넘기의 한쪽 손잡이를 던져 공중에서 원을 그려 돌려 잡는 상위 기술이다. 개인 줄넘기의 모든 동작은 긴 줄넘기가 1회 회전하는 동안 이루어 진다.

4) 장단 복합 여러 줄넘기

(1) 긴 줄넘기 안 2인 1줄 나란히뛰기

　제자리에서 시작하는 것으로 2인 1줄넘기를 긴 줄넘기 안에서 준비하여 동시에 줄 회전이 시작, 수행자는 1회선 2도약으로 넘는다.

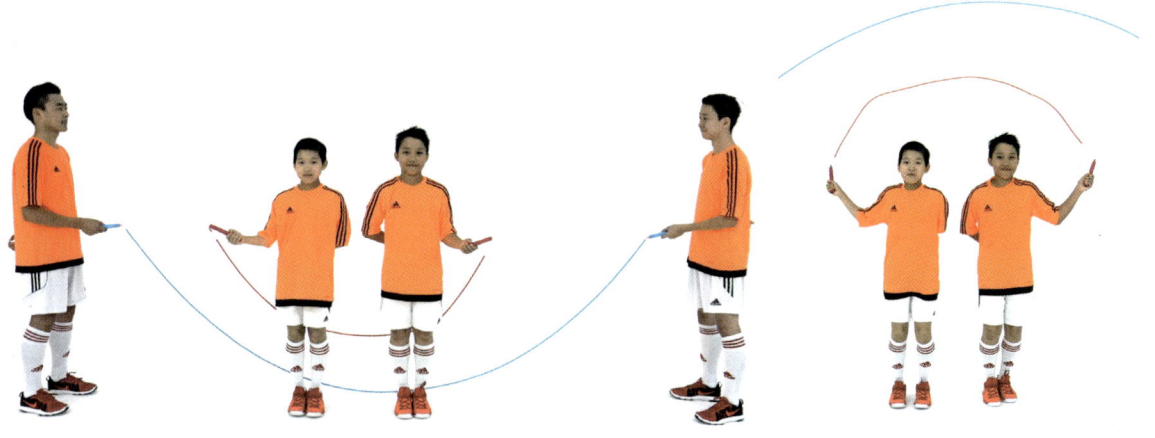

1응용1) 2인 360회전하기　위에서 모아뛰기를 바탕으로 긴 줄넘기 안의 두 수행자는 몸을 안쪽으로 회전하며 줄넘기를 두 사람 사이에서 헛친다. 몸을 바깥쪽으로 회전하여 긴 줄넘기와 함께 돌아오게 된다.

(2) 긴 줄넘기 안 2인 1줄 손 스위치 번갈아뛰기

제자리에서 시작하는 것으로 2인 1줄넘기를 긴 줄넘기 안에서 2인 번갈아뛰기로 줄을 넘는다. 수행자는 1회선 2도약으로 넘으며 손을 좌·우 번갈아 바꾸며 줄을 돌려 넘는다.

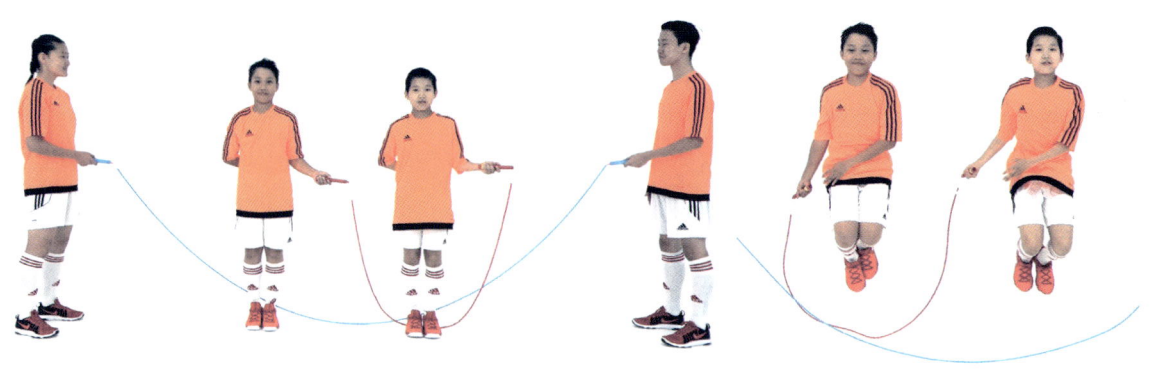

2응용1) 4인 다리 사이 손 스위치 ▶ 손을 바꾸는 스위치 동작을 응용한 것으로 4명이 긴 줄넘기와 짝 줄넘기를 돌리며 다리사이에서 손을 바꾸어 번갈아뛰는 동작이다. 숙련자용으로 줄이 다리 사이에서 충분히 돌아갈 수 있도록 허리를 숙지 않고 다리를 높게 들어주는 것이 좋다.

(3) 긴 줄넘기 안 2인 2줄 나란히뛰기(아메리칸 휠)

제자리에서 시작하는 것으로 2인 2줄넘기를 긴 줄넘기와 함께 시작하여 1회선 2도약으로 넘으며 양발모아뛰기, 손 엇걸어 풀어뛰기, 무릎 크로스 동작 등 개인의 줄넘기 실력에 따라 다양한 동작을 이룰 수 있다

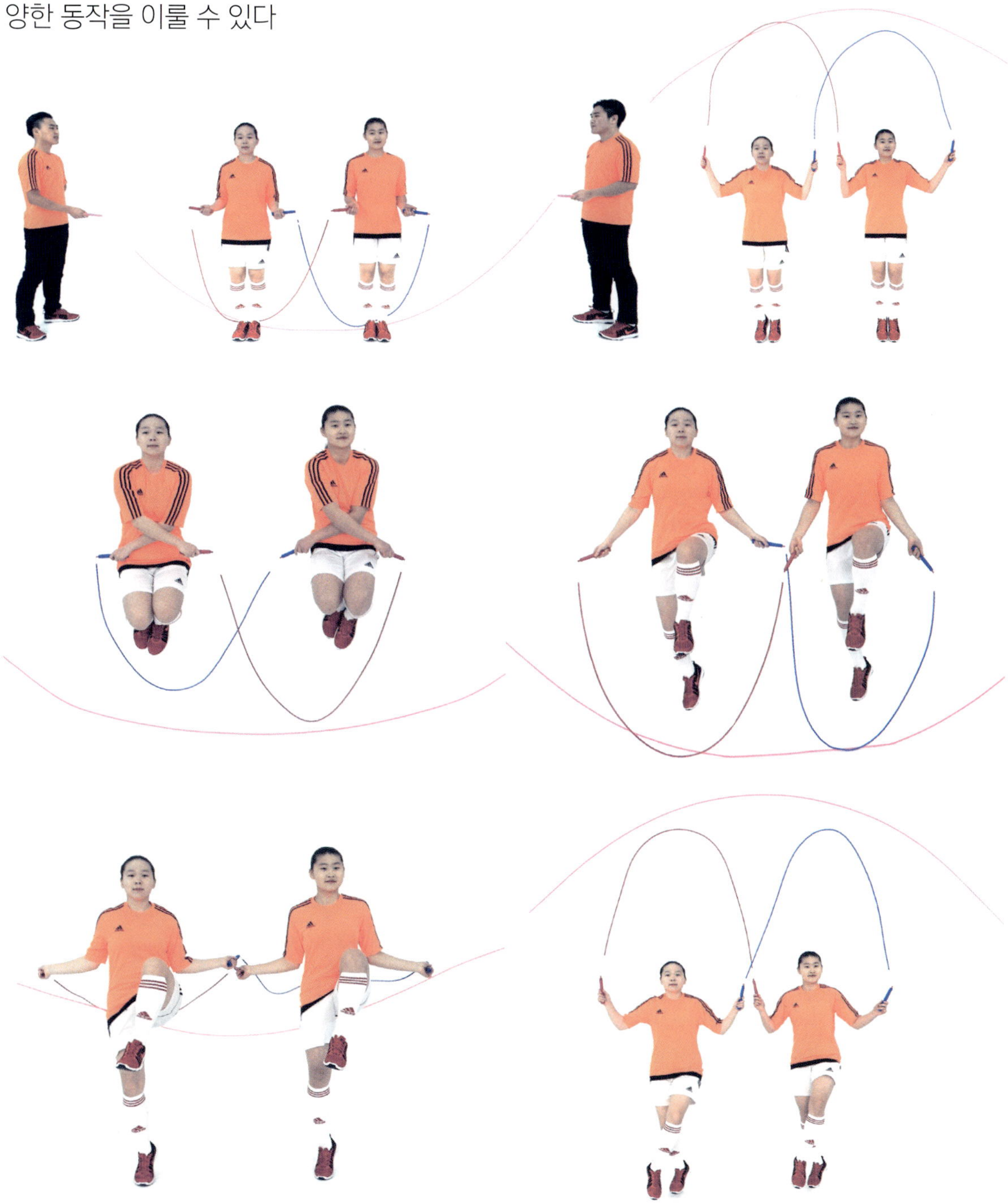

(4) 긴 줄넘기 안 3인 3줄 나란히뛰기(아메리칸 휠)

앞서 동작을 바탕으로 긴 줄넘기 안에서 3인 3줄 함께뛰기 동작이다.

긴 줄넘기 안에 3개의 줄이 동일하게 회전하며 줄을 넘는 동작으로 원활하게 수행하기 위해서는 우선, 3명이 옆 나란히 서서 서로의 어깨로 일렬을 맞추고, 줄이 최고 정점에 있을 때 긴 줄넘기와 동일한 위치에 있는지 확인하며 줄을 넘는다.

4 응용1) 긴 줄넘기 안 3인 3줄 차이니즈 휠 긴 줄넘기 안에서 빨간2줄과 파란1줄이 1회선 차이로 회전하며, 줄을 넘는 동작이다. 긴 줄넘기와 함께 파란1줄이 돌아가며, 2개의 빨간줄은 1회선 차이로 아래와 같이 회전한다.

(5) 5인 3줄 무지개 줄넘기

긴 줄넘기로 사용되는 4m정도의 바깥 줄넘기 1개, 3m정도의 줄넘기 2개를 3명이 나누어 잡고 5명이 그림 1과 같이 준비한다.

시작과 동시에 모든 줄넘기의 회전이 시작되며 긴 줄넘기 안에 3명의 수행자는 나란히뛰어 줄을 넘는다. 이 동작이 익숙해지면 줄을 돌리는 사람 2명도 긴 줄넘기 안으로 들어가 5명이 함께 넘는다. 줄을 멈출때는 모든 수행자가 발을 내밀어 앞멈춤 한다.

5응용1) 5인 3줄 무지개 줄넘기 긴 줄넘기로 사용되는 4m정도의 바깥 줄넘기 1개, 중간 줄넘기로 사용되는 2~3m 줄넘기 1개, 개인 줄넘기 1개를 갖고 5명이 그림 1과 같이 준비한다.
시작과 동시에 3개의 줄의 회전이 시작되며 5명 모두 1회선 2도약으로 줄을 넘는다. 줄넘기 안에 모든 수행자가 발을 내밀어 줄을 멈춘다.

(6) 7인 7줄 복합 줄넘기

좌·우 긴 줄넘기로 사용되는 4m정도의 바깥 줄넘기 2개, 중간 줄넘기로 사용되는 2m 줄넘기 3개, 개인 줄넘기 2개를 갖고 7명이 그림 1과 같이 준비한다.

그림 2와 같이 중앙의 파란 1줄을 제외한 모든 줄넘기가 시작되니, 줄넘기를 돌리는 사람의 손을 유념해 보자. 중앙 사람을 중심으로 좌·우의 긴 줄넘기인 핑크줄을 3명의 수행자가 함께 넘으며 중앙 사람은 파란 1줄을 혼자 다른 타이밍에 넘게 된다. 줄을 멈출 때는 긴 줄넘기를 포함한 중간줄이 먼저 멈추고, 파란 1줄이 멈추게 된다.

5) 장단 복합 출입 줄넘기

(1) 3인 2줄 2인 출입

3명이 3m정도의 2개의 줄넘기를 잡고 2명의 수행자는 줄넘기 밖에서 준비한다.

3명이 2개의 줄넘기를 동시에 돌려 회전을 시작하고 위에서 내려오는 줄에 2명의 수행자는 줄넘기 안으로 뛰어 들어가 양발모아 넘는다. 줄넘기를 멈출 때는 줄넘기 안에 2명의 수행자가 발을 내밀어 앞멈춤 한다.

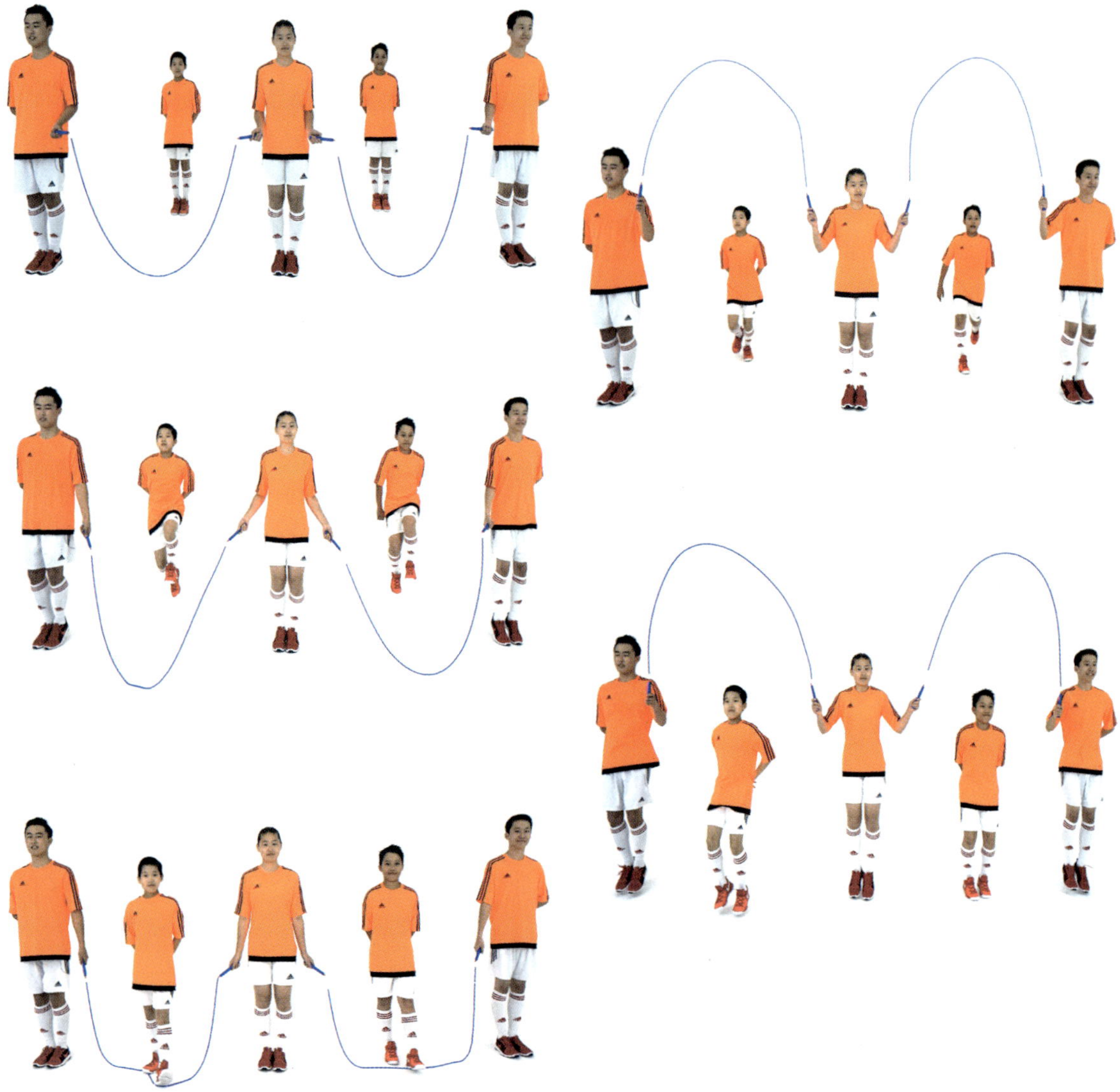

(2) 긴 줄넘기 안 3인 2줄 2인 출입

앞서 동작을 바탕으로 긴 줄넘기를 더한 복합 줄넘기 동작이다.

6m이상의 긴 줄넘기 하나를 중심으로 네 걸음 뒤에 3인의 수행자가 2개의 줄넘기를 들고, 거기에 두 걸음 뒤에 2인의 수행자가 위치하여 준비한다.

긴 줄넘기가 가장 먼저 회전을 시작하고 3인 2줄 수행자들이 긴 줄넘기 안으로 뛰어 들어가며 함께 줄을 돌린다. 그 후 2인 수행자가 각각 줄넘기 안으로 진입해 긴 줄넘기와 3m정도의 줄넘기를 동시에 넘는다.

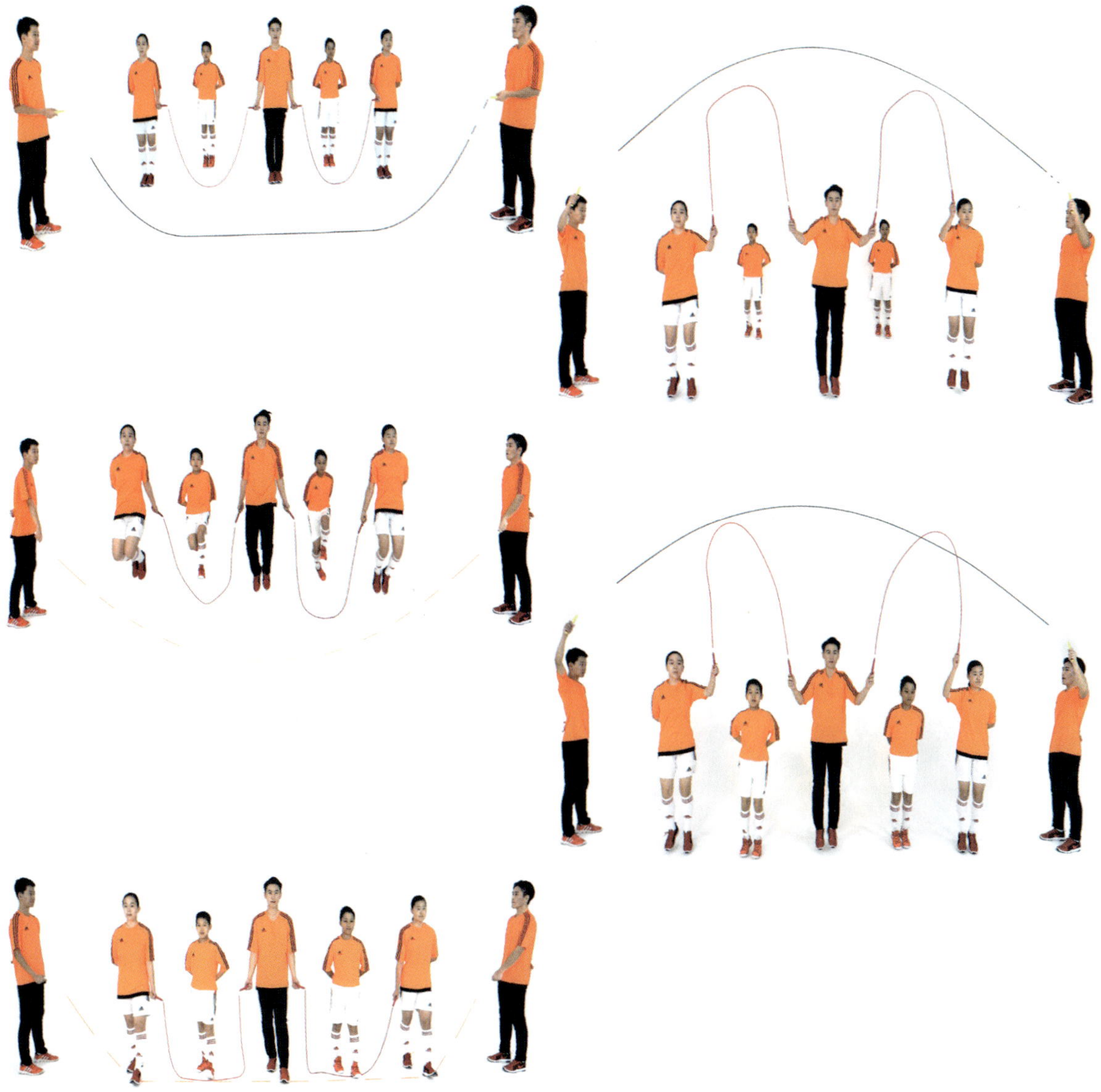

(3) 3인 3줄 3인 출입

3명이 3m정도의 3개의 줄넘기를 잡고 3명의 수행자는 줄넘기 밖에서 마주보고 서서 준비한다.

3개의 줄넘기가 1회선 2도약으로 시작하고, 마주보고 선 3명의 수행자가 동시에 줄넘기 안으로 뛰어 들어간다.

함께 2도약으로 4회 넘은 뒤 3명의 수행자는 정면을 향해 몸을 회전하여 모두 한 방향을 바라보며 줄넘기를 넘게 된다.

줄을 멈춤때는 3명의 수행자가 발을 내밀어 멈춤 뒤 동작의 변화를 주어 퍼포먼스로 완성할 수 있다.

(4) 긴 줄넘기 안 3인 3줄 3인 출입

앞서 동작을 바탕으로 긴 줄넘기를 더한 복합 줄넘기 동작이다. 3인이 3개의 줄넘기를 들고 긴 줄넘기 안에 준비, 다른 3명의 수행자는 줄넘기 밖에서 마주보고 서서 준비한다.

3인 줄넘기와 긴 줄넘기가 함께 회전하며 긴 줄넘기 밖에 3인 수행자는 줄이 내려오는 타이밍에 진입해 긴 줄넘기와 3인 줄넘기를 동시에 넘는다. 2도약으로 4회 넘은 뒤 몸을 회전 해 정면을 바라보고 줄을 넘으며 모든 줄넘기를 멈춰 동작을 완성한다.

(5) 긴 줄넘기 안 여러 복합 줄넘기 출입

　긴 줄넘기로 사용되는 6m이상의 바깥 줄넘기 1개, 중간 줄넘기로 사용되는 3m 줄넘기 2개, 개인 줄넘기는 각각 2명의 수행자가 갖고, 2명의 수행자는 마주보고 서서 9명이 그림 1과 같이 준비한다.

　긴 줄넘기와 함께 3m 2개 줄넘기가 회전을 시작한다. 줄넘기가 아래서 위를 향해 올라갈 때 두 명의 개인 줄넘기 수행자는 복합 줄넘기 안으로 출입하여, 3개의 줄넘기를 넘는다.

다음동작으로 마주 보고선 2명의 수행자가 복합 줄넘기 안으로 뛰어 들어가 함께 넘으며 정면을 향해 방향을 전환해 발을 내밀어 줄넘기를 멈춰 동작을 완성한다.

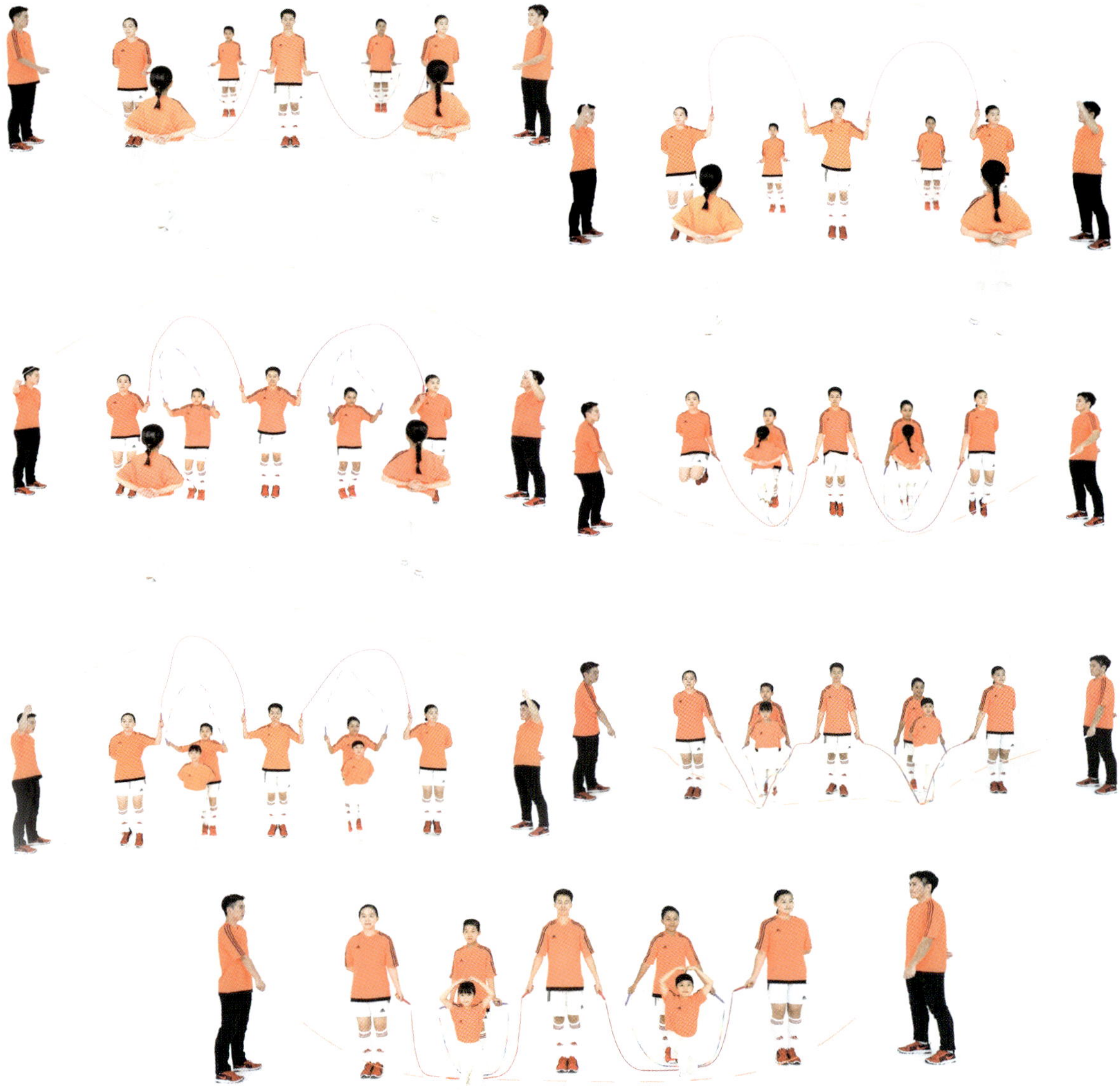

(6) 긴 줄넘기 안 여러 복합 줄넘기 출입

긴 줄넘기로 사용되는 5m이상의 바깥 줄넘기 1개, 중간에 더블더치 줄넘기로 사용되는 3m 정도 길이의 줄넘기 2개, 개인 줄넘기 수행자 1인은 그림 1과 같이 준비한다.

긴 줄넘기가 회전을 시작하면 두 명의 수행자는 마주 보고선 상태로 긴 줄넘기 안으로 들어와 2개의 줄넘기를 더블더치 형식으로 돌려 준다. 형성된 긴 줄넘기 안에 더블더치 줄넘기 안으로 개인 줄넘기 수행자가 출입해 1도약으로 줄을 넘는다.

줄넘기를 멈출 때는 긴 줄넘기가 출렁이지 않게 중간에 위치한 2인과 개인 줄넘기 수행자 1인이 발을 내밀어 멈춘다.

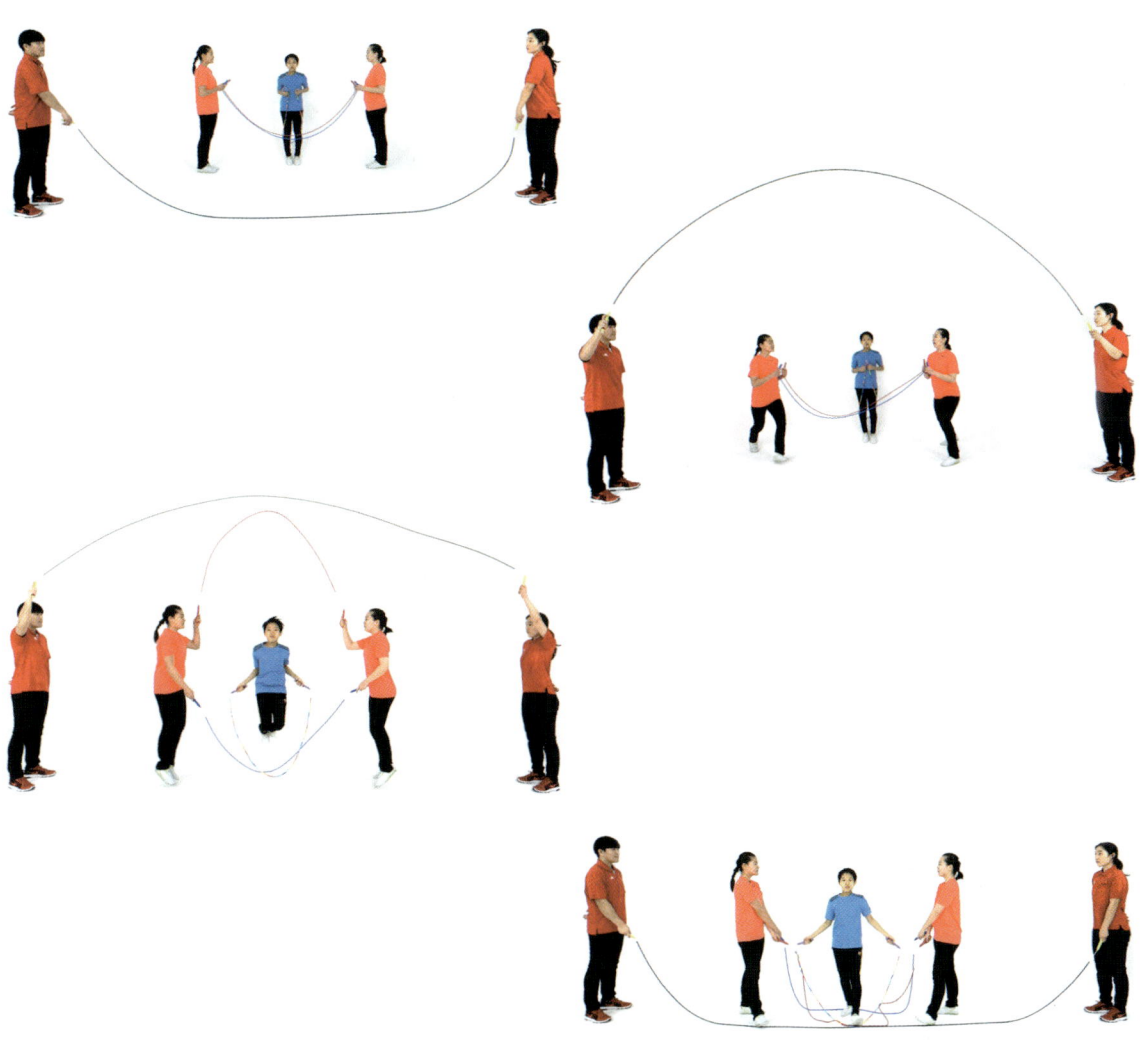

5 Double Dutch (쌍 줄넘기)

> **교육목적**
> 긴 2개의 줄 회전 안에서 이루어지는 종목으로 이론(사진, 설명)을 통한 이해로 보다 쉽게 동작을 습득할 수 있으며, 활용할 수 있는 기술과 지식을 향상 시킨다.

1) Double Dutch(쌍 줄넘기)특성 및 유의사항

(1) Double Dutch(쌍 줄넘기)의 특성

마주보고 선 2명이 4m이상 2개의 긴 줄넘기를 반회선 차이로 돌리는 것으로 국내에서는 '쌍 줄넘기' 또는 'Double Dutch'라고 하며, 다른 국가 및 국제줄넘기대회에서는 'Double Dutch'라고 한다.

Double Dutch 줄넘기를 넘는 가장 기본적인 방법은 반회선 차이로 회전해 오는 2개의 줄넘기 안에서 각각의 줄을 뛰어넘는 것이다. 양발모아뛰기부터 두발을 번갈아 빠르게 뛰는 스피드, 발동작을 응용한 스텝, 줄넘기를 돌리는 손을 제한한 상태에서 줄을 함께 넘거나, 기술 난이도를 표현하는 프리스타일 등 숙련자부터 고도의 실력을 갖춘 선수들이 2개의 긴 줄넘기에 변화를 주어 많은 동작들을 창작하여 수행하고 있다.

미국에서 시작된 Double Dutch 종목은 일본에서 춤과 함께 융합되면서 빠르게 발전을 이루고 있다. 현재 줄넘기 종목으로써 단일 경연대회가 이루어지고 있으며, 국내협회 및 국제협회에서 개최하는 더블더치 콘테스트 세계줄넘기대회에는 각 국가에서 줄넘기 전문선수들이 참가하고 있다.

Double Dutch 줄넘기는 2개의 긴 줄넘기가 돌아가기에 시각적으로 화려한 볼거리를 제공하여 공연으로 많이 활용되고 있다. 여러 동작을 복합한 스텝은 점프와 착지가 리드미컬하게 연속적으로 이루어지며, 춤을 추면서 역동적으로 줄넘기를 넘고, 비보잉을 접목한 파워,

짐네스틱, 터너 동작으로 많은 사람에게 호응을 얻고 있다. 코카콜라 및 애플 광고 등을 통해 방송에서도 종종 볼 수 있으며, 2021도쿄 올림픽 폐막식에서 비보잉(브레이킹)과 콜라보한 Double Dutch 줄넘기 공연은 큰 인기를 끌었다.

Double Dutch 줄넘기 종목은 줄넘기를 돌리는 2인과 줄을 넘는 사람의 호흡이 절대적으로 필요하다. 한 사람의 실수가 직접적인 영향을 미쳐 동작을 이어나갈 수 없기에 단체종목에서 필요한 공동체 의식을 함양하고, 협동심을 기를 수 있다. 또한 관계 안에서의 갈등이나 서로를 이해하는 법을 배우게 된다.

(2) 유의사항

Double Dutch 줄넘기는 2개의 줄넘기가 반회선 차이로 일정한 포물선을 그리며 일정한 속도로 회전하는 특징을 가지고 있는데, 이렇게 줄넘기를 돌리는 것은 오랜 시간 반복연습이 필요하여, 초보자보다 숙련자에게 권장하는 종목이다. 또한 2개의 긴 줄넘기가 커다란 포물선을 그리며 충분히 돌아갈 수 있는 공간 확보가 필수다.

다른 사물과 줄넘기가 서로 부딪히지않게, 아래 • 위, 앞 • 뒤로 충분한 공간에서 수행되어야 한다.

2) Double Dutch (쌍 줄넘기)를 돌릴 때는

줄넘기 돌리는 것이 우선! Double Dutch 줄넘기의 줄을 원활하게 잘 돌리는 것이 중요하다. 반회선 차이로 돌아가는 두 개의 줄이 서로 부딪히지 않고 동일한 박자에 지속적으로 돌아갈 수 있도록 충분히 연습하여야 한다.

Double Dutch 줄넘기의 기본적인 형태는 'O'형(긴 동그라미)이다. 하지만 줄넘기 안에서 이뤄지는 동작에 따라 포물선이 달라지며 'O'(동그라미원)형태로 돌릴 수 있고, 여러 형태로 변화할 수 있다.

줄넘기가 돌아가는 형태에 따라 동작의 성공여부가 크게 좌우되기 때문에 가장 기본적인 방법을 연습을 통해 충분히 익혀야 한다.

처음 Double Dutch 줄넘기를 돌리는 사람은 4m 길이의 긴 줄넘기 두개가 부담스러울 수 있다.

의지대로 줄넘기를 돌릴 수 있게 줄넘기의 길이를 짧게 조절해 연습하는 것도 좋은 방법이다.

초보자의 경우 아래를 참고해 줄넘기 손잡이를 통해 반회선 차이로 움직일 손과 팔의 동작을 먼저 익혀보자.

	준비자세를 정면에서 바라본 손의 위치
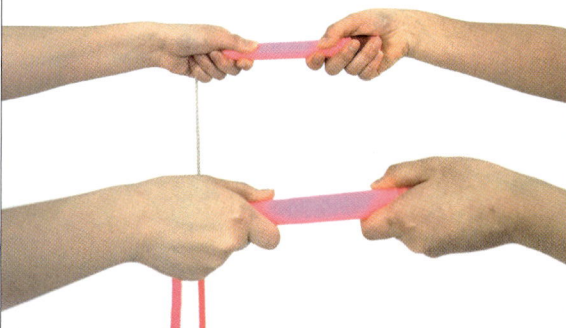	준비자세를 위에서 바라본 손의 위치 사진과 같이 두 사람이 손잡이를 맞잡는다. * 두 사람 중 한 사람이 리더자가 된다.
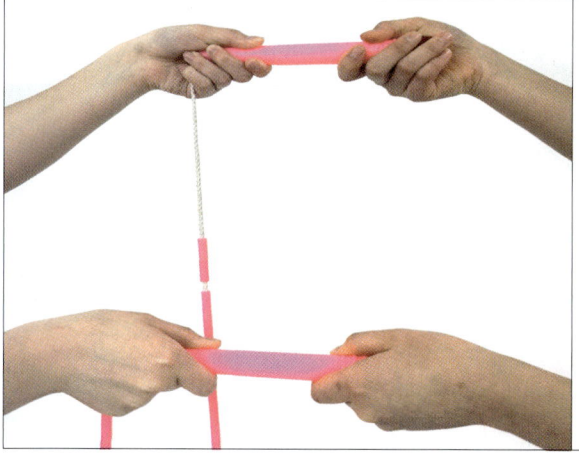	리더자 중심으로 마주잡은 손잡이의 왼손이 시계 방향으로 먼저 회전을 시작하고, 반 바퀴 간격을 두고 오른손은 시계 반대 방향으로 돌려 마주 향할 수 있게 돌려 준다. 손잡이 돌리는 것이 익숙해지면 줄넘기로 돌려보자.

2개의 줄넘기가 반회선 차이로 지속적으로 회전하는 Double Dutch는 줄넘기를 돌리는 사람이 동일한 박자에 줄을 돌려주어야 한다. 한손이 위에 위치해 있다면 다른 손은 아래에, 한손이 밖을 향해 회전한다면 다른 한손은 안쪽을 향해 회전하고 있다.

3) 출입법

(1) 옆 출입

수행자는 2개의 줄넘기가 아래, 위로 벌어지는 타이밍에 줄 안으로 진입하는 것으로 내 몸에서 가까운 긴 줄넘기를 기준으로 박자를 세어 줄이 위를 향해 돌아갈 때 출입한다.

일정한 속도로 2개의 긴 줄넘기가 돌아오기 때문에 줄 안에 수행자는 1도약으로 줄넘기를 하나씩 연달아 넘는다.

1. 줄넘기를 돌리는 사람 옆에 위치한 수행자는 가까운 줄(파란줄)이 위로, 핑크 줄이 바닥에 있을 때 한발을 내딛는다.
2. 파란줄이 바닥을 향해 내려올때 수행자는 줄 안으로 출입하며 줄을 넘는다.
3. 줄 안에서 1도약으로 일정한 속도로 돌아오는 2개의 줄넘기를 연달아 넘는다.

TIP 2개의 줄넘기가 아래·위로 벌어지는 순간에는 Double Dutch 줄넘기 안으로 들어갈 수 있는 공간이 크기 때문에 고개를 숙이지 않고 출입할 수 있다. 또한 줄넘기 돌리는 앞사람을 바라보며 넘는 것이 줄이 회전해 오는 것을 볼 수 있기에 뛰어넘는 박자를 쉽게 익힐 수 있다.

1응용1) 나가기

Double Dutch 줄넘기 밖으로 이동하기 위해서는 줄넘기의 포물선이 가장 작은, 줄 돌리는 사람 가까이에서 나가는 것이 좋다. 수행자는 줄을 돌리는 사람쪽으로 이동하며 줄을 넘는다. 나가려는 반대쪽 파란줄을 넘으며 밖을 향해 한발을 내딛어 나간다.

TIP 줄이 일정한 속도로 회전하는 Double Dutch 줄넘기는 회전반경이 매우 커서 옆으로 나가게 되면 회전해 오는줄에 맞게 되는 경우가 있다. 가까운 핑크줄에 걸리지 않기 위해서는 줄넘기를 돌리는 사람 쪽으로 어깨를 스치듯 나간다는 생각으로 앞을 향해 나오는 것이 좋다.

줄 밖으로 나갈 시 짝수와 홀수로 뛰고 나가는 위치가 달라진다.

(2) 정면 출입

Double Dutch 줄넘기 회전이 이루어지고, 수행자는 줄넘기 밖에서 안전거리를 확보하고, 정면을 바라보며 준비한다.

수행자의 가까운 파란색줄을 기준으로 박자를 세어 뛰어 들어와 파란색줄만 넘고 나간다. 뒤에 있는 수행자도 동일한 박자에 출입하게 되는데 파란색줄이 위에 있을 때 줄 안으로 뛰어 들어가 바닥을 칠 때 넘으며 나간다.

TIP Double Dutch 줄넘기 돌리는 사람은 2개의 줄넘기가 일정한 박자에 반회선 차이로 돌아갈 수 있게 해야 한다.

출입하는 수행자의 엇박자나, 늦은 박자를 맞추다 보면 줄넘기를 돌리는 사람들 간의 엉킴으로 다음 사람이 출입하기가 어려워지기 때문이다.

일정한 박자에 줄넘기가 돌아가고 일정한 박자에 수행자가 줄을 넘고 나갈 수 있도록 규칙을 정해 연습하자.

연습방법으로는 수행자가 줄에 출입해 넘고 나갈 수 있는 충분한 박자로 처음에는 4박자로, 숙달되면 연달아 출입하는 2박자로 진행한다. 수업형태로 이룰 수 있으며, 팀을 구분해 기록경기도 가능하다.

2응용1)

① 멈춰진 두 개의 줄넘기 사이에 1인의 수행자가 함께 준비한다.
② 파란줄이 위를 향해 회전을 시작한다.
③ 앞서 방법과 동일하게 파란줄을 넘으며 Double Dutch 줄넘기 안으로 출입하여 줄안에 있는 사람의 손바닥을 터치하며 앞을 향해 뛰어 나간다.
④ 뒤 사람도 동일한 방법으로 줄을 넘고 나간다.

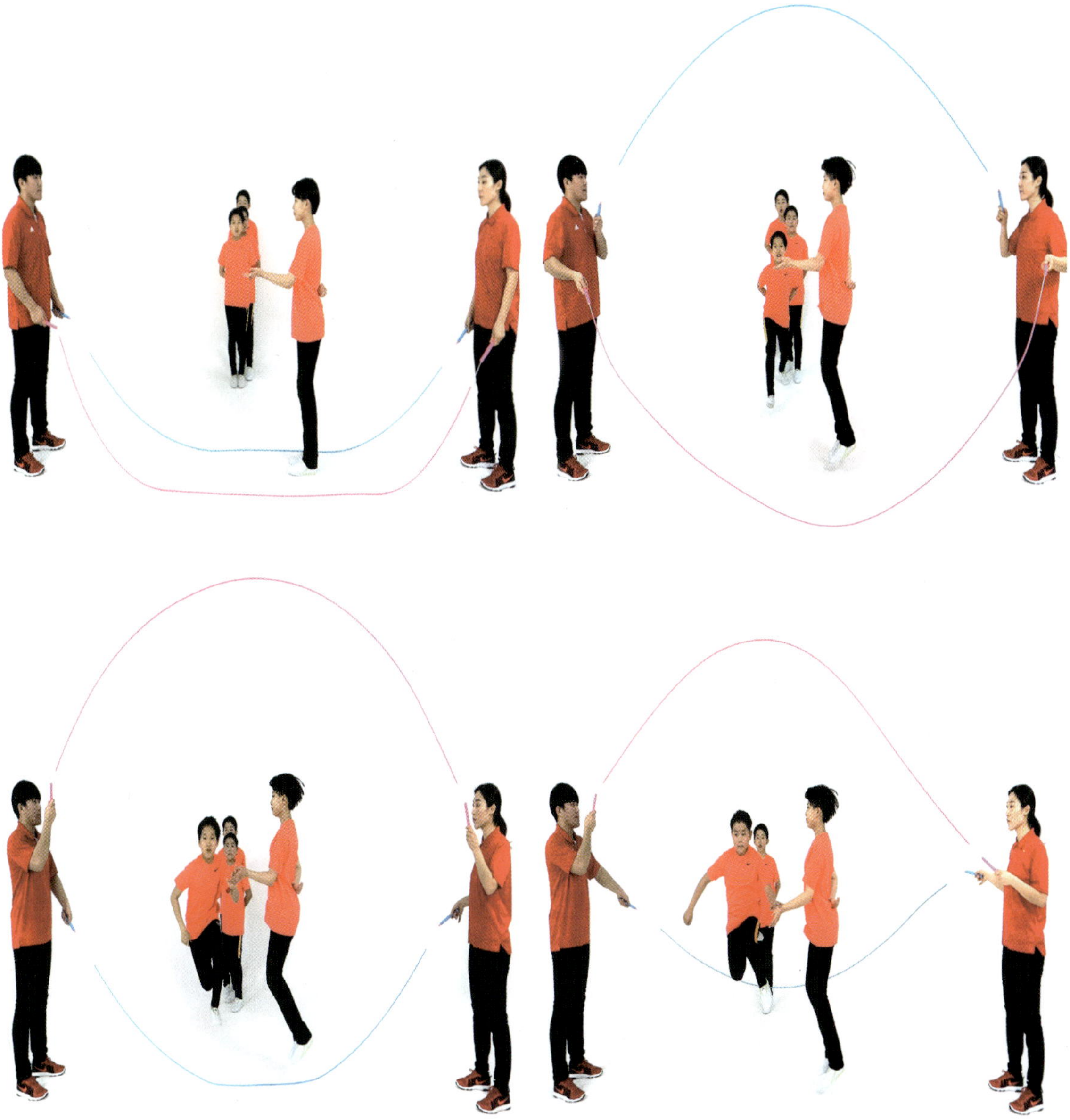

2응용2)

① 긴 줄넘기 2개를 나란히, 수행자는 밖에서 준비한다.
② 수행자는 파란줄로 박자를 세어 줄이 하늘에 있을 때 수행자는 두손을 뻗어 양손으로 바닥을 짚는다.
③, ④ 두발을 하늘로 차서 몸을 옆으로 회전시켜 측전동작을 이룬다. 수행자의 다리가 위를 향해 있기에 줄넘기를 돌리는 사람은 핑크줄(바깥줄)을 최대한 크게 돌려준다.
⑤ 양발로 착지한 후 핑크줄(바깥줄)을 넘는다.

TIP 체조동작인 옆돌기는 한발씩 착지하기 때문에 Double Dutch 줄넘기 안으로 출입하기 어렵다. 그래서 두발로 착지하는 측전동작으로 출입하는 것이 동작의 완성도를 높일 수 있다.

실제 사용. 동작을 수행하는 사람의 신장에 따라 줄넘기의 줄 길이를 조절하면 동작의 완성도를 높일 수 있다. 제자리에서 줄넘기를 돌리기도 하고 수행자와 함께 앞으로 이동하며 줄을 넘으면서 역동적인 동작을 구사할 수 있다.

2응용3)
원활한 설명을 위해 이 동작에서는 줄넘기를 돌리는 사람을 A와 B로 칭한다.

① A는 다리를 어깨너비로 벌리고 고개를 숙인 상태로 줄넘기를 돌린다. 이때 줄넘기의 리드는 반대 사람인 B가 된다. 수행자는 줄 밖에서 뛰어 들어온다.

② 수행자는 A의 어깨를 짚고 점프하며, 다리는 V 자 형태로 만든다. 이는 발이 줄에 걸리지 않고 Double Dutch 줄넘기 안으로 착지하기 위함이다.

③ 줄넘기를 리드하는 B는 바깥줄을 크게 돌려주며 수행자는 두 줄넘기 사이로 들어와 바닥에 착지하게 된다.

이 동작의 중요한 부분은 두 번째 동작이다. 줄을 뛰어넘는 수행자의 발이 두 개의 줄넘기 안으로 들어와 있어야 한다. 또한 줄넘기를 돌리는 수행자가 중심을 잡아야 하는데 그렇지 못하고 앞으로 쏠릴 경우 부상 위험이 따를 수 있다.	잘못된 예 

> **TIP** Double Dutch 줄을 돌리는 형태는 같으나 이 동작의 경우는 방법이 다르다. 줄 손잡이가 내 몸의 반대 어깨까지 갔을 때 손목을 회전해 손잡이를 내려 돌린다. 그리고 팔꿈치를 중심으로 원을 그려주어 줄넘기 안의 공간을 보다 넓게 확보해주는 것이 동작의 성공비결이다.

사진출처: 군포시줄넘기시범단(군포시장기줄넘기대회)

숙련자의 경우 다음과 같이 두 사람이 함께 동시에 출입, 서로 같은 타이밍에 어깨를 짚고 점프해 Double Dutch 줄넘기 안으로 진입해야 성공 가능성이 커진다.

사진출처: 군포시줄넘기시범단(전국창작음악줄넘기대회)

4) 줄 넘기

(1) 정면 줄넘기

    Double Dutch 줄넘기는 2개의 줄이 반회선 차이로 회전하며 일정한 회전 크기에 속도 변함 없이 돌아가야 하기에 숙련자가 돌리는 것이 적합하다. 줄 돌리는 사람의 구령에 따라 수행자는 Double Dutch 줄넘기 안에서 두발모아뛰기 1도약으로 교차해오는 줄을 넘는다. 줄 안의 수행자가 한 발을 앞으로 내밀어 회전해오는 줄넘기를 순차적으로 멈춘다.

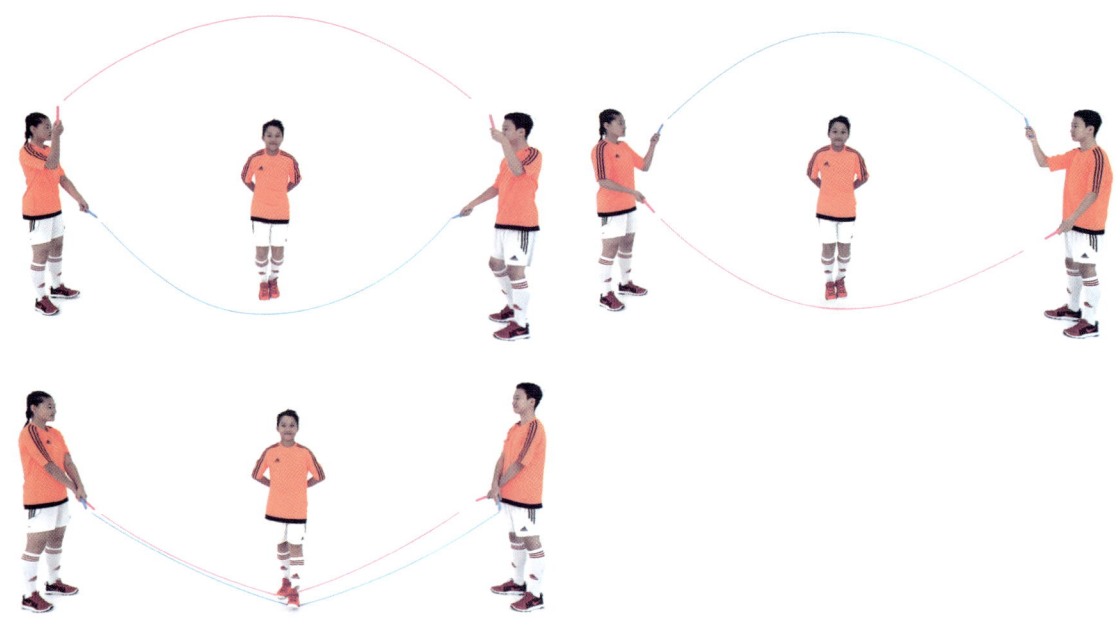

    수행자가 밖에서 출입하는 경우도 있지만, 출입이 어려운 초보자의 경우 아래와 같이 두 줄넘기 안에서 시작해보자. 두 개의 줄 사이에 수행자는 정면을 보고 준비하여 순차적으로 오는 Double Dutch 줄넘기를 넘는다.

3응용1) 앞·뒤 이동하기

수행자가 파란줄을 넘는 동시에 핑크줄이 하늘을 향해 올라간 형태가 시작 동작이다. 동시에 수행자는 앞으로, 줄돌리는 사람 2명은 뒤로 이동하며 줄을 작은 포물선으로 계속해 돌려준다. 공중에서 회전한 후 핑크줄을 앞으로 깊숙히 넣어주며, 줄돌리는 사람 구령에 따라 줄은 앞으로, 수행자는 뒤로 한 스텝 이동하여 처음과 같은 형태로 Doubl Dutch 줄넘기를 넘는다.

3응용2) 이중뛰기

줄넘기 돌리는 리더를 바라보며 수행자는 양발모아 Double Dutch 줄넘기를 넘는다. 리더의 구령에 따라 2회 넘은 후 수행자는 수직점프로 높게, 2개의 줄넘기는 줄을 빠르게 1회씩 돌려 이중뛰기 동작을 완성한다.

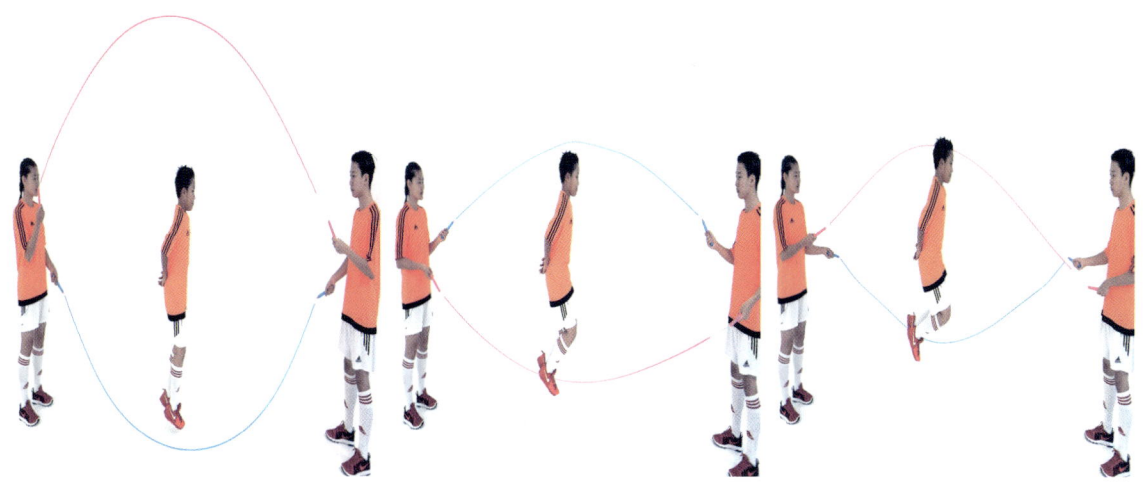

3응용3) 줄 돌리기 응용

이 동작은 줄넘기를 돌리는 고도의 스킬이 가능한 숙련자에게 적합한 동작이다.
줄넘기를 돌리는 두 사람이, 한 사람은 앞으로, 다른 한 사람은 뒤로 돌아 줄을 돌려 완성한 Double Dutch 안에서 1명의 수행자가 양발모아 뛰는 것이다.
이 동작의 포인트는 줄을 회전해 돌리는 방법으로 아래와 같이 구분동작으로 시작해 보자.

1. 줄넘기의 시작은 동일하다.
2. 핑크줄을 바닥에 치며 옆으로 몸을 회전해 파란줄 손잡이를 위로 올린다.
3.4. 몸을 완전히 뒤로 돌리며 핑크줄 손잡이를 반대쪽 허리에, 파란줄 손잡이는 반대쪽 어깨에서 허리로 내려 손을 엇걸어 Double Dutch 줄넘기를 돌린다.

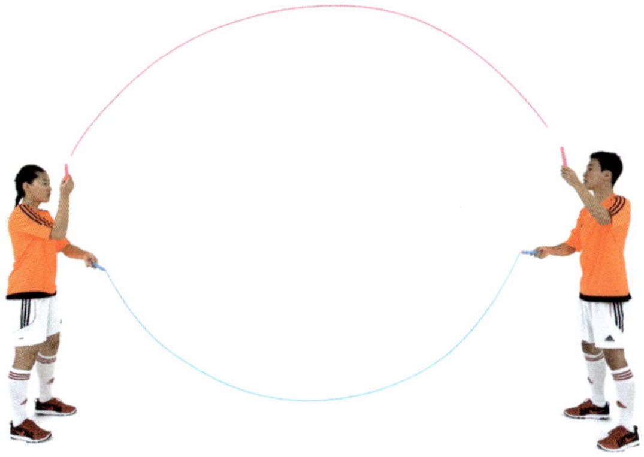

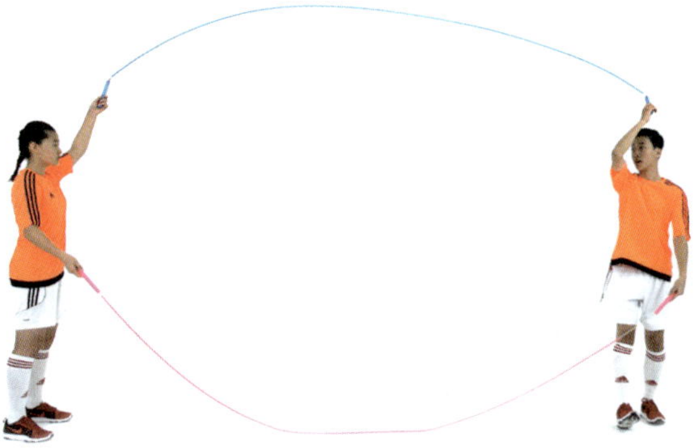

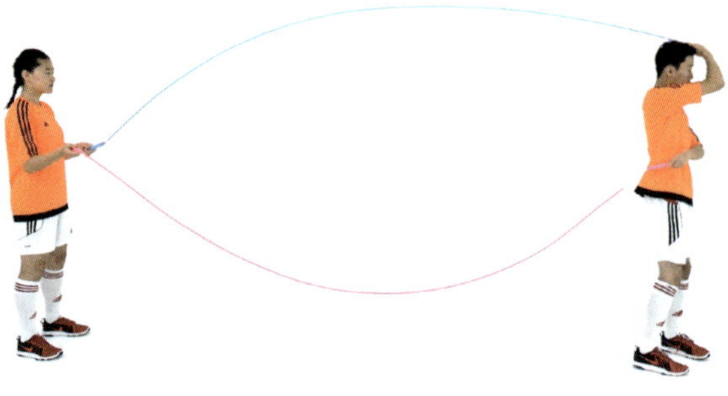

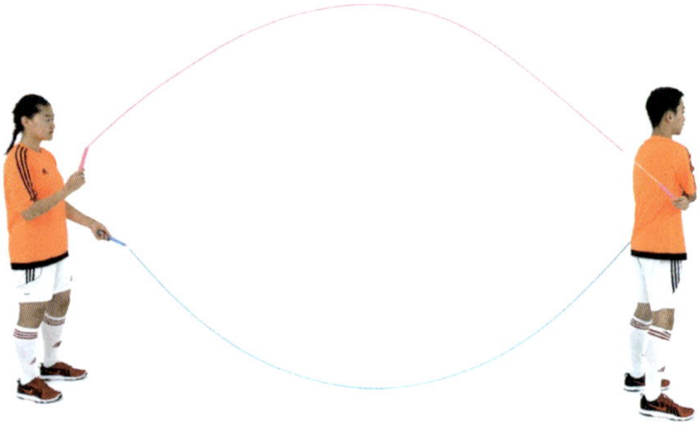

5) 개인 줄넘기

(1) 양발모아뛰기

개인 줄넘기가 바닥에 닿지 않도록 조금 짧게 잡고, Double Dutch 2개의 줄넘기 중 뒤에서 앞으로 회전해 오는 긴 줄넘기에 개인 줄넘기를 시작한다.

정면을 향해 개인 줄로 넘는것이 어렵다면, 줄 돌리는 사람을 바라보고, 회전해 오는 줄넘기를 보며, 1회선 1도약으로 개인 줄넘기 넘는 박자를 익혀보자.

TIP Double Dutch 줄넘기는 일정한 박자의 리듬으로 돌아가며, 교차로 회전하는 긴 줄넘기와 개인 줄넘기가 엉키지 않게 서로 닿지 않도록 하는 것이 동작의 성공을 이끌 수 있다.

(2) 이중뛰기 / 송골매뛰기

Double Dutch 줄넘기는 개인 줄넘기 동작을 이룰 수 있게 팔을 이용해 줄넘기 안의 공간을 충분히 만들어 준다.

개인 줄넘기 수행자는 1회 점프 시 더블언더로 넘는 이중뛰기와 두팔을 엇걸어 풀어뛰는 송골매뛰기로 넘어보자.

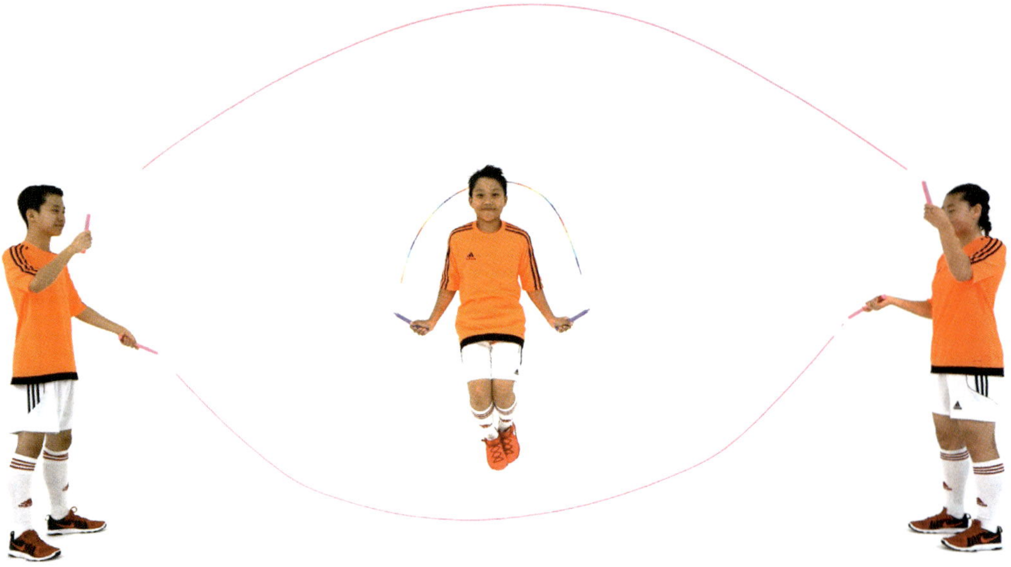

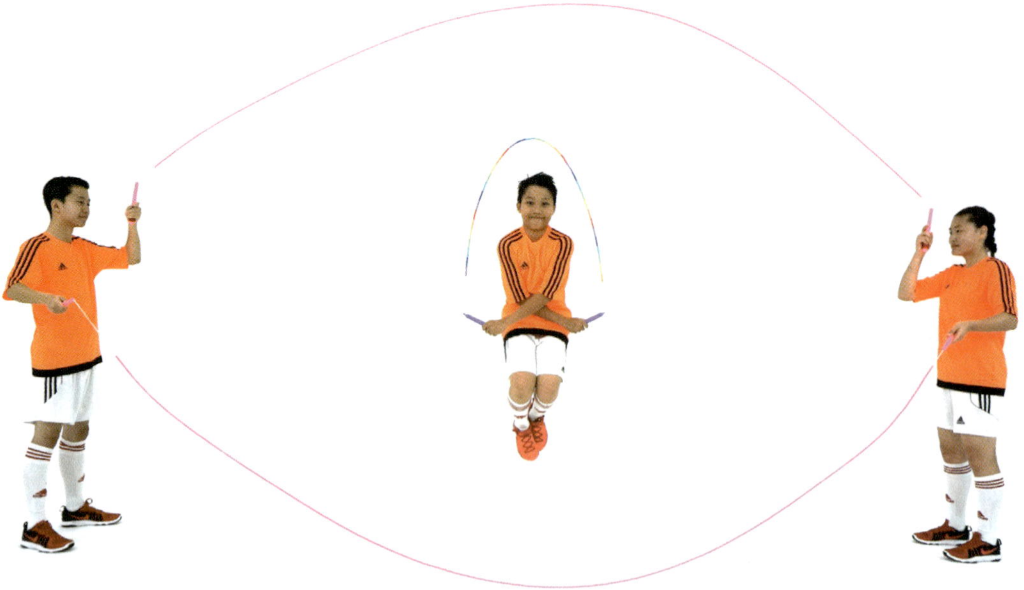

(3) Toad 동작

엇걸어 풀어뛰기의 응용 동작으로 줄을 엇걸을 때 손잡이의 위치가 한 다리 사이로 들어가는 동작이다. 손의 위치는 엇걸은 상태로 한손은 반대 무릎 뒤로, 한손은 반대쪽 허리를 향한다. 발의 형태는 한발은 무릎을 뒤로 접고, 한발은 앞 무릎을 접어 올린다. 양손이 각각 엇걸은 상태에서 손목의 스냅으로 줄을 회전시켜 Toad 동작을 완성한다.

첫 번째 동작으로 손의 위치는 다음과 같다.

두 번째로 Toad의 완성된 동작이다.

이 동작을 수행하기 위해서는 개인 줄넘기로 1도약 Toad 동작을 먼저 연습한다. 숙련이 되었을시 다음단계로 이중뛰기와 Toad Double Under로 연습한다. 그리고 나서 Double Dutch 줄넘기 안에서 동작을 수행하면 쉽게 성공할 수 있다.

(4) AS 동작

개인 줄넘기를 돌리는 손의 위치가 무릎 뒤에서 크로스한 상태로 줄을 회전시켜 넘는 것이 AS동작이다.

1. 줄을 넘으며 두 손의 위치가 허리에서 두 다리 옆으로 이동한다.
2. 무릎은 살짝 구부리고 두손은 엇걸어 무릎 뒤로 깊게 넣어주어 줄넘기를 회전시켜 넘어오는 줄을 넘는다.

첫 번째 동작으로 개인 줄넘기를 돌리는 손이 이동하는 모습이다.
정면에서 손의 위치, 옆면의 손의 위치는 동일한 곳이다.

무릎 뒤로 손이 엇걸어져 줄넘기를 돌려 넘는 완성된 AS동작이다.

6) Power Skill Frog

(1) 줄넘기 기술 중에 하나인 Power Skill 중 Frog 동작을 Double Dutch 줄넘기 안에서 수행하는 동작이다.

수행자는 정면을 보며 줄을 넘는다. 뒤에서 앞으로 오는 줄을 넘으며 양손은 바닥을 짚고, 발은 하늘을 향해 찬다. 손과 발을 몸쪽으로 동시에 당겨 줄을 넘으며 두발로 착지한다.

정면을 보고 수행하는 것이 어렵다고 느껴진다면 옆을 바라보고 시작해 보자.
줄넘기를 돌리는 사람을 마주보고, Forg동작을 수행할 시 줄넘기를 돌리는 손을 볼수 있기에 동작에 따른 박자 감각을 쉽게 익힐 수 있다.

5응용1) 응용동작
1인 동작을 바탕으로 아래와 같이 응용동작을 수행할 수 있다.

◀ 2명이 같은 방향으로 동시에 Frog 동작을 수행한다.

◀ 한 명은 Frog, 다른 한명은 싸이드 push-up 동작을 동시에 이룬다.

◀ 2명이 앞·뒤 방향으로 동시에 Frog동작을 수행한다.

7) 어깨 다리 올리기

두 수행자는 한쪽 방향을 바라보며 Double Dutch 줄넘기를 양발모아 넘는다.
동시에 바닥을 향해 준비동작으로 몸을 숙인다.
앞의 수행자는 다리를 벌려 두발이 뒤의 사람 두손 옆 바깥으로 그림 3과 같이 위치한다.
손바닥으로 바닥을 밀어 점프한 체공상태에서 Double Dutch 줄을 넘게 되는데, 이때 앞사람의 발은 그림4와 같이 뒤에 있는 사람의 어깨와 등 사이에 위치해 있다.
두 수행자의 손, 발을 동시에 모으며 몸을 일으킨다.

6응용1) 어깨 다리 올린 동작을 응용한 수행자 앞구르기 이동

군포시 줄넘기시범단의 2016년 전국창작음악줄넘기 대회 안무 중

사진출처: 군포시줄넘기시범단(전국창작음악줄넘기대회)

8) Turner(터너)

Turner(터너) 동작은 고도의 숙련자들이 할 수 있는 것으로 아래와 같이 여러 형태가 있다.

2인의 +형태	
2인의 -형태	
3인의 형태	

III

줄넘기
작품의 정의와
음악줄넘기

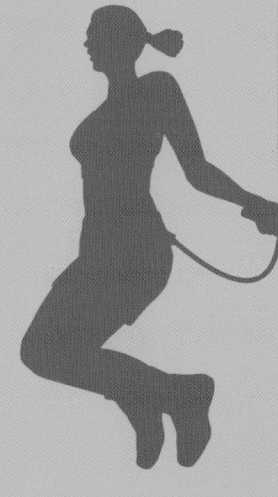

III. 줄넘기 작품의 정의와 음악 줄넘기

> **교육목적**
> 줄넘기 작품의 정의를 알아보고 음악을 활용한 줄넘기 동작 구성을 습득한다.
> 그리고 음악줄넘기의 특성과 목적, 현황 등 심층적으로 학습해 본다.

1 줄넘기 작품의 정의

줄넘기 작품이란 음악적인 요소에 줄넘기 기술을 토대로 창의적인 줄넘기 동작을 구성하는 것을 의미한다. 줄넘기 작품에 스토리와 느낌을 담을 수 있으며, 동작의 조합을 통해 개성과 의도, 창작자의 색깔을 분명하게 나타낼 수 있다.

또한 줄넘기라는 불변의 소재가 가지고 있는 건강, 인내, 성취 등과 같은 줄넘기 수련의 가치들을 동작으로 조합하고 형식화하여 의도와 스토리를 구성에 담아 시각적으로 표현해주는 것을 말한다.

줄넘기 작품은 음악 줄넘기, 창작 음악 줄넘기, 프리스타일 줄넘기, 퍼포먼스 줄넘기 등 시범·공연분야에서 다양한 형태로 이루어지고 있다. 세부적인 내용을 살펴보도록 하겠다.

2 줄넘기 작품의 특징과 분류

1) 줄넘기 작품의 특징

(1) 음악사용

음악을 활용한 줄넘기 작품은 다양한 음악을 이용한 프로그램으로 흥미롭게 줄넘기를 수련하는 방법을 제시해준다. 오래 뛰는 것이 운동이 된다는 이미지로 인해 자칫 지루해질 수 있는 줄넘기 수업에 음악을 가미해 흥미롭게 진행할 수 있으며 구성의 의도와 운동 목적에 도달하는데 큰 역할을 한다.

(2) 줄넘기 동작의 연결

줄넘기를 동작 구성과 연결로써 단순한 운동방식에서 벗어나 흥미 유발, 운동기능 향상, 건강 증진, 기술 숙달을 위한 반복 패턴으로 줄넘기의 우수성 홍보 및 보급 등 전달하고자 하는 목표가 명료하다.

(3) 줄넘기 외 다양한 동작의 결합

줄넘기 안무에 종종 줄넘기와 다른 형태의 움직임 동작을 결합함으로써 다양한 운동능력 개발에 용이하다. 시대적으로 변화하는 흐름에 대하여 감각적으로 반응하므로 여러 분야를 복합하여 잘 활용된다.

2) 줄넘기 작품의 분류

줄넘기 작품은 활용목적과 구성요소, 실시 대상에 따라 수련용, 대회용, 시범·공연용으로 구분할 수 있다.

(1) 수련용

수련용 줄넘기 안무는 일선 줄넘기 학원에서 수련생들을 대상으로 실행하는 줄넘기 수련프로그램 중 하나로 줄넘기의 숙련도나 기본기 향상, 근력 향상, 흥미 유발을 위해 실시된다.
작품의 구성은 줄을 넘고, 회전하는 것을 바탕으로 창작되며 동작수가 비교적 적고 단순하면서 흥미를 고려한 동작으로 구성하도록 한다. 수련용 줄넘기 안무는 세부적으로 초보자와 숙련자로 구분되며 초보자용 줄넘기 안무는 비교적 단순한 동작 위주로 동작의 수를 적게 하여 반복적으로 구성된다. 숙련자용 줄넘기 안무는 초보자에 비해 동작이 추가되며 반복 횟수가 적은 것이 특징이다.

(2) 대회용

대회용 음악 줄넘기 안무는 대회 출전을 목적으로 경기에서 요구되는 규칙에 근거하여 경기 시간은 0~300초로 개인 줄넘기를 중점으로 짝 줄넘기, 쌍 줄넘기, 긴 줄넘기를 이용하여 다양한 줄넘기 기술과 기본스텝, 응용스텝, 대형변화를 창의적으로 구성하여 음악에 맞추어 표현한다.
무엇보다 대회용 작품은 팀원 간의 기량 차이를 극복하고 전원이 동일동작을 실시해야 하기 때문에 팀원의 기량을 고려하여 현명하게 작품을 구성해야 한다. 또한 경기규칙에 따른 완성도, 독창성, 기술성, 다양성, 리듬감은 많은 연습이 필요하다.

줄을 사용하지 않는 동작은 곡 전체의 64박자를 넘지 않아야 하며 채점은 동점일 경우 인원〉 완성도 〉 독창성〉 기술성〉 다양성〉 리듬감의 고득점 순으로 순위 결정을 한다.

음악 줄넘기는 음악과 줄넘기 기술의 조화를 이루기 때문에 전체적인 흐름이나 음악의 분위기 등을 생각하지 않고 고난이도 기술로만 안무를 작성할 경우 조화나 완성도, 독창성 등에서 좋은 점수를 받지 못할 수 있다.

(3) 시범 · 공연용

시범 · 공연용 줄넘기 안무는 줄넘기를 홍보하는 목적으로 많은 대중 앞에서 시연하게 된다. 무대 혹은 넓은 운동장(광장, 공원 등)의 시연장소에서 모든 사람들이 잘 보일 수 있도록 줄넘기 동작을 공연작품으로써 창작해야 한다.

이처럼 시범 · 공연용 줄넘기 안무는 줄넘기를 이해할 수 있게 개인 줄넘기, 음악 줄넘기, 짝 줄넘기의 아메리칸 휠, 차이니즈 휠, 더블더치 프리스타일, 긴 줄넘기에 장단 복합 줄넘기를 적절하게 구성하여 작품이 화려해야 하며 웅장하고 강렬하며, 경쾌한 음악을 사용하는 것이 적합하다.

줄넘기 작품의 분류

구 분		동작 및 음악의 특징
초보자용	동작	• 초급자를 대상으로 창작되는 줄넘기 안무는 1회선 1도약의 발동작을 바탕으로, 동작수가 비교적 적고 단순한 동작으로 이루어지는 것이 바람직하다. 또한 리듬 템포가 빠르지 않고 동작 반복 횟수가 많은 것이 특징이다.
	음악	• 음악은 건전하며 비교적 일정한 템포의 음악을 사용하는 것이 특징이다. 예를 들면 일정한 리듬을 가진 동요나, 클래식, 대중가요 등이 이에 포함된다.
숙련자용	동작	• 숙련자를 대상으로 창작된 줄넘기 안무는 줄넘기 응용동작으로 동작의 다양성과 변화가 바탕인 작품을 구성하는 것이 바람직하다. 또한 초보자용 보다는 많은 동작으로 줄넘기 기술을 함께 이루는 것이 특징이다.
	음악	• 음악은 건전하며 비트가 빠르고 경쾌한 음악을 선정하는 것이 특징이다. 또한 효과음이나 강렬한 음악을 사용하는 것이 더욱 효과적이다. • 최신 유행하는 대중가요나 디스코, 랩, 락 등의 다양한 음악 장르가 이에 포함된다.

3 음악 줄넘기

음악 줄넘기는 음악의 예술성과 줄넘기의 운동력에 율동, 에어로빅, 힙합, 재즈 등의 다양한 댄스 형태를 포함하여 음악의 리듬에 맞춰 뛰고 구르며 다양한 타이밍에 점프력까지 기를 수 있어 체력향상은 물론 재미와 흥미까지 더해주어 현대인들의 취향에 따라 모든 연령층이 흥미롭게 참여하도록 만들어진 새로운 형태의 줄넘기 운동 방법으로 각광받고 있다. 또한 음악 줄넘기의 등장으로 단조로운 운동 틀을 벗어나, 건강증진과 자기표현 그리고 삶의 질적인 향상이라는 새로운 측면의 모습을 보여주는 계기가 되었고, 줄넘기의 한 영역으로 자리매김 하게 되었다.

음악을 이용하여 리드미컬하게 움직이는 것이 가장 큰 특징인 음악 줄넘기는 다양한 장르의 음악과 리듬에 맞춰 줄넘기 동작을 알맞게 구성하여 신체의 성장 발달을 조성하고, 건강과 체력을 증진하기 위한 음악 줄넘기는 줄넘기의 현대적 형태의 결과물이라 할 수 있다.

흥겨운 음악에 맞춰 줄넘기 동작을 하다 보면 스트레스가 해소되고 어렵게 느껴지는 줄넘기 동작을 쉽고 재미있게 이해할 수 있다. 또한 일정한 형식을 틀에 벗어나 수련생의 기량에 맞게 작품을 구성할 수 있어 일반인이 쉽게 줄넘기에 접근할 수 있도록 하는 활용 효과와 스트레스 해소 및 리듬감 향상, 건강 증진하는데 많은 이로움을 주고 있다.

* 음악 줄넘기 동작구성의 예

- 음악 선정은 4분에 4박자의 곡으로 일정한 리듬을 가진 곡으로 선정한다.
- 쉽게 따라할 수 있게 반복적인 패턴으로 동작을 구성한다.
- 동작 구성에서는 도약을 통해 제자리에서 넘는 발동작과, 줄을 팔에 감는 랩동작, 줄을 돌리는 스윙 동작의 적절한 안배를 한다.
- 줄을 넘으며 좌, 우 이동은 물론 180회전과 360회전으로 개인 공간을 충분히 활용하도록 구성한다.

음악 줄넘기 구성   줄넘기의 줄이 1회 회전할 때 한번 뛰어 넘는 양발모아뛰기, 앞흔들어뛰기, 뒤들어모아뛰기, 가위바위보뛰기, 십자뛰기, 옆흔들어뛰기, 지그재그뛰기와 줄 회전을 응용한 되돌려 옆흔들어뛰기 등 수 없이 다양한 동작들을 표현함으로써 신체 표현력을 길러주며, 누구나 연습을 통해 쉽게 습득하며 즐겁게 할 수 있는 동작이다.

사진출처: 군포시줄넘기시범단(전국창작음악줄넘기대회)

4 창작 음악 줄넘기

　창작 음악 줄넘기는 줄넘기 기본동작을 바탕으로 다양한 기술동작을 응용하여 만든 새로운 형태의 줄넘기를 말한다. 리드미컬한 두발을 이용한 가벼운 도약에 의하여 대중 음악에 맞춰 실시되는 즐거운 전신운동으로 자신의 체력수준에 따라서 언제든 자유롭게 운동량을 조절할 수 있어 현 시대의 건강에 도움을 주는 이상적인 운동으로 꼽힌다.

　현재 창작 음악 줄넘기는 초보자부터 숙련자까지 누구나 즐겁게 즐길 수 있는 생활체육 형식과 전문선수가 대회 경기규칙에 따라 펼치는 경기종목 형식으로 구분되어 목적에 따라 안무가 지속적으로 창작되어 현장에서 활용되고 있다.

　경기규칙에 따른 창작 음악 줄넘기는 줄을 넘는 동작 위주의 구성이 우선이 되어야 하며, 줄 감기, 되돌리기 등 음악에 따른 동작의 흐름이 완성되었는지, 선곡한 음악과 그에 따른 동작의 창의성과 음악을 바탕으로 한 동작의 조화가 완성되어야 한다.

★ 창작 음악 줄넘기 구성의 예

- 음악 선정은 참여자들의 흥미 유발과 지속적 참여에 비중을 두고 대중성 있는 경쾌한 음악으로 한다.
- 음악 선정에서 음악의 템포, 장르, 곡의 가사, 음악 편집(MIR, REMIX)을 고려한다.
- 동작의 구성에서는 도약을 통한 기본스텝, 줄회전, 복합스텝, 되돌려옆흔들어뛰기, 엇걸어풀어뛰기, 엇걸어 응용동작, 이중뛰기 기술 등을 적절히 안배 한다.
- 대형의 변화는 이동 경로를 고정화 하고 대칭과 비대칭을 활용한다.
- 동작, 대형, 작품의 난이도에서 참여자의 연령, 수련 기간, 기술 수준을 고려한다.
- 줄넘기의 회전 형태와 길이에 따라 화려한 퍼포먼스가 가능하기에 변화를 줄 수 있다.
- 마지막 엔딩 동작으로 작품 의미를 시각적으로 제공한다.

창작 음악 줄넘기 구성은 앞서 음악 줄넘기 동작을 바탕으로 2가지 이상 동작을 혼합한 복합동작과 기술 줄넘기, 그리고 퍼포먼스를 더한 동작으로 창작 안무를 구성한다. 또한 줄 회전도 다양한 모습으로 응용할 수 있는데 팔을 좌·우로 벌려 손목만의 회전으로 줄을 돌리는 화살시위, 앞·뒤로 돌며 줄을 지면에 치는 텍사스턴, 엇걸어풀어뛰기을 연속적으로 뛰며 줄의 변화를 주는 바람개비 등 손의 제한을(한 손 제한, 두 손 제한) 통해 고급스킬 안무를 구성할 수 있다. 그리고 노래 안무의 포인트 춤을 줄넘기 동작에 응용하여 창작할 수 있으며, 작품의 완성도를 높이기 위해 임펙트 있는 동작과 기본동작을 수행자의 줄넘기 실력에 따라 구성하는 등 창작으로써 표현할 수 있는 방법은 무궁무진하다.

- 리듬에 따라 느린 템포에 적합한 동작, 빠른 템포에 적합한 동작으로 다채롭게 표현할 수 있다.
- 가사를 표현할 수 있는 줄넘기 동작을 창작 가능.
- 개 • 개인의 실력에 따른 줄넘기 동작 구성 가능.
- 개인 줄넘기와 함께 더블더치 줄넘기, 여러 복합 줄넘기 등 다채로운 안무 구성으로 시각적 효과 확대.
- 수련자에게 흥미 제공.

- 줄넘기의 1도약의 동작과 지정 기술을 자유롭게 창작하여 수행하는 것으로 줄넘기 기술의 기본은 물론 난이도 있는 동작을 응용 및 구성하였다.

- 창작 음악 줄넘기 작품 안무로 횡대 대형의 개인 줄넘기 되돌려 옆흔들어 뛰기 동작과 더블더치 줄넘기 기술인 터널 동작을 함께 구성하였다.

· 사진출처: 군포시줄넘기시범단(전국창작음악줄넘기대회)

5 프리스타일(Freestyle) 줄넘기

　프리스타일 줄넘기는 세계줄넘기 챔피언쉽대회 및 아시아줄넘기 선수권대회, International Jump RopeUnion(IJRU) 대회 등 국내 및 국제대회종목으로 줄의 회전방식과 참여인원에 따라 Single Rope Freestyle, Single Rope Pair Freestyle, Twins Rope Freestyle, Double Dutch Freestyle 등으로 구분할 수 있으며 매년 개최되는 대회에 국가대표선수들이 고난위도 동작을 연결하여 다양한 신기술을 선보이고 있으며 앞으로도 발전 가능성이 높은 분야이다.

　개인 프리스타일 종목의 필수 요소인 Multiples(멀티플), Power(파워), Gymnastic(체조), Releases(릴리즈) Footwork(발놀림 또는 동작) 등 여러 가지 필수 요소를 선수 수준에 따라 0~6레벨의 세부 동작을 수행하여야 하며, 보다 정확하고 많은 기술들을 정해진 공간 안에서 정해진 시간 내에 경연하는 줄넘기의 종합예술이다.

　즉, 프리스타일이란 현재 사용되고 있는 줄넘기 동작 제반기술을 기반으로 기술체계에서 수행하는 동작의 난이도(레벨)를 음악과 조화시켜 필수요소를 부분 또는 세트 단위로 모든 선수가 동시에 수행해야 한다.

　프리스타일 작품을 구성함에 있어서 참여자의 연령, 운동능력, 기술습득 정도 등을 고려하여 운동형태, 시간, 강도를 설정하고, 음악, 동작, 대형을 선택하여 규칙적이고 반복적으로 수행할 수 있도록 구성한다.

프리스타일 줄넘기 안무구성 예

- 4가지의 Double under 이상의 다른 Multiples
- 4가지의 다른 Gymnastic(체조) 및 Power(파워)
- 4가지의 다른 Releases(릴리즈) 또는 Wrap(랩)
- Rope Manipulation
- Single Rope FreeStyle은 기술종목마다 난이도는 0부터 0.5-1 - 2 - 3 - 4- 5 - 6으로 나눌 수 있다.
- Double Dutch FreeStyle 기술종목마다 난이도는 0부터 0.5-1 - 2 - 3 - 4- 로 나눌 수 있다.
- 4가지 다른 터너 관련 기술

 JUMP

여기서 잠깐! 프리스타일 줄넘기는 숙련자 종목으로 줄이 1회 회전할 때 여러번 줄을 돌려 넘는 멀티플 스킬 동작, 손잡이를 돌리는 위치가 허리가 아닌 한발 다리사이, 오금뒤, 등, 어깨, 공중회전 등 다양한 위치에서 줄을 돌려 넘는다. 표정연기 또한 중요하며 줄 회전수에 따른 다중뛰기, 아크로바틱 동작을 응용한 파워동작 등 고급 기술동작을 자신의 능력치에 따라 다양하게 기술을 표현할 수 있다.

사진출처: INTERNATIONAL ROPE SKIPPING FADERATION,
https://www.sgcs.com.au/jump-rope

IV

줄넘기 시범공연

IV. 줄넘기 시범공연

1 공연 예술로써 줄넘기 시범공연

　공연 예술(performing arts)이란 시간예술과 공간예술 중에서 원작자와 감사자 사이에 예술 작품을 일차적으로 해석해 전달하는 매개자의 개입이 필요한 예술 장르를 말한다. 연극부터 뮤지컬, 퍼포먼스, 인형극, 무용, 연주회, 감상회, 대중음악, 라이브 콘서트에 이르기까지 공연장이라는 현장에서 직접 보여주는 무대예술의 총칭이다. 기획유형에 따른 조건, 문화 공간의 이념과 프로그램의 방향성, 출연자, 시설 및 규모에 따라 다양한 형태를 갖고 있다.
　줄넘기 공연은 줄넘기를 매개로 다양한 장르와 융·복합화 한 무대공연을 의미하며, 스토리를 통해 관중과 공감을 형성하고, 소통함으로써 메시지를 전달하는 문화예술로서의 공연예술 문화 형태를 말한다.

　줄넘기 시범공연을 구성하고 있는 요소는 시범자, 관중, 연출자(감독, 기획자), 시범 장소, 기타 소도구 등이다. 이들 구성 요소는 시범을 이루는 근간이 되며 상호 간 밀접한 관계를 맺고 있으며, 시범의 구성요소 모두는 줄넘기 시범 전체를 만드는 각각의 역할을 하게 된다. 이러한 각각의 역할이 통합되어 하나의 시범이 이루어지게 되는데, 구성요소들의 해석과 활용에 따라서 시범의 내용적 측면에서 변화가 있게 된다.

　줄넘기 시범공연은 구성함에 있어서는 목적과 형태에 따라 시범자의 연령, 수련경력, 시범경력, 참여인원을 결정하고 관중의 연령과 성별, 규모, 성향을 파악하여야 한다. 또한 음향은 물론 시범장소의 바닥에 따라 줄을 돌리는 스킬이 달라지기에 장단 복합 줄넘기와 여러 개의 줄을 많은 사람이 넘을 시 사전 준비가 필요하며, 줄 회전으로 인해 관중들이 위화감을 느끼지 않게 안전거리를 확보하여야 한다. 그렇기 때문에 줄넘기 시범의 무대 크기는 중요한 요소로 작용된다. 줄넘기 무대는 크기에 따라 안무구성이 달라지는데 더블더치 줄넘기 스피드의 경우 이를 중심으로 좌·우, 앞·뒤에 개인 줄넘기 수행자 4인과 함께 동일한 동작을 할 시 빠르게

돌아가는 줄넘기의 소리에 청각적인 효과를 줄뿐 아니라 시각적으로 화려한 볼거리를 제공할 수 있다. 또한 줄의 길이는 조율이 가능하기 때문에 긴 줄넘기와 여러 줄넘기가 함께하는 장단 복합줄넘기, 작은 복합 줄넘기, 더블더치 줄넘기를 율동과 짐네스틱 등의 동작으로 접목하여 구성한 안무는 관객의 호응을 이끌어 내기 충분하다.

사진출처: 군포시줄넘기시범단

줄넘기 시범공연_**169**

2 시범의 구성 원리

1) 시범의 구성원리

(1) 시범자(시범단)의 구성과 특징

시범자는 시범이 이뤄지는 현장에 직접 참가하여 역할을 수행함으로써 줄넘기 시범에서 가장 핵심적이고 중추적인 역할을 담당하게 되며 각각의 부분별 시범에서 주된 역할을 하게 된다.

시범자는 시범 수행의 역할에 따라 주 시범자와 보조 시범자로 구분된다. 주 시범자는 시범 전반을 리드하며 시범을 하며, 보조 시범자는 주 시범자를 도우며 전체 시범의 원활한 시범 수행을 위해 도움을 준다.

또한 시범자는 시범의 목적과 성격에 따라 연령, 수련경력, 시범능력, 동원되는 인원 등으로 나누어 시범단의 성격을 구분할 수 있다. 시범단을 구성하는 연령에 따라서 어린이 시범단, 혼성 시범단, 청소년 시범단, 성인 시범단으로 나눌 수 있고 성별에 따라 남성 시범단, 여성 시범단, 혼성 시범단으로 나누어 진다.

줄넘기를 수련한 경력에 따라서는 초보자, 숙련자로 나눌 수 있으며, 시범능력에 따라 일반적인 줄넘기 수련생으로 구성된 시범단과 고도의 훈련으로 엘리트 선수로 등록한 전문 시범단으로 구분할 수 있다. 아울러 시범에 동원되는 인원에 따라서는 혼자서 보이게 되는 1인 단독 시범, 2인 짝 시범, 4인 팀 시범, 20명 이내의 단체 시범단 및 대규모 집단 시범단으로 구분된다.

(2) 시범자(시범단)의 자질

시범자는 직접 시범을 수행함에 있어 특정한 자질이 요구된다. 이는 일반적인 시범에서는 뛰어난 기술 능력과 함께 강건한 정신적 자세와 몸가짐이 요구되지만 특별한 목적을 갖는 시범에서는 기술 수행 능력과 더불어 유연한 사고를 바탕으로 친근감 있는 모습, 돌발 상황에 대한 대처 능력 등이 필요하다. 따라서 시범자는 기술의 수행을 통해서 시범을 보이는 것 뿐 아니라 단정한 모습, 단련된 신체, 표정 등과 같이 줄넘기 수련 과정에서 얻어지는 강건한 정신적, 신체적 모습을 보여줄 수 있어야 한다.

시범자는 시범 수행의 어떠한 상황에서도 유연하게 대처할 수 있는 자세가 필요하며 이를 위한 심리적, 기술적 능력을 갖추도록 심신을 연마해야 한다. 특히 줄넘기 종목을 대표한다는 마음가짐으로 바른 자세를 견지하고 용모를 단정히 하며, 품위 있는 행동을 보이도록 노력해야 한다.

(3) 관중

관중은 줄넘기 시범을 직접 보는 대상으로 연령에 따라 어린이, 청소년, 성인 등으로 나눌 수 있으며, 시범을 보게 되는 관람 계층의 성향에 따라 구분할 수도 있다.

관람 계층의 성향은 첫째, 줄넘기에 대한 관중의 인지도를 의미한다. 즉, 관중이 가지고 있는 줄넘기와 줄넘기 시범에 대하여 사전에 알고 있는 지식과 정보, 경험의 수준을 말하는 것으로 이는 구체적으로 줄넘기 수련의 유·무, 시범에 대한 참여와 관람 경험의 정도를 의미한다. 둘째, 관람의 구성단위를 의미하는데 이는 관람 계층을 구성하는 단위의 구조를 의미하는 것으로 개인 단위와 가족 단위 그리고 사회적 집단 단위로 크게 나눌 수 있다.

연출자와 시범자는 관중에 대한 자세한 정보를 파악하고 있어야 한다. 관중의 대한 정보는 시범의 내용을 구성함에 있어서 중요한 요인이 된다. 즉, 줄넘기 시범의 내용을 구성함에 있어 관중의 줄넘기에 대한 인지도와 구성단위의 변화에 따라 시범의 세부 내용, 진행 과정, 난이도의 배치 등 전체적인 부분에 있어서 차별성을 갖추어야 하기 때문이다. 따라서 연출가와 시범자의 입장에서는 관중의 성향에 대한 사전 분석을 통하여 관중의 관점에서 시범의 계획과 진행이 이루어질 수 있도록 하여야 한다. 결과적으로 시범을 기획하는 연출자의 입장에서 관중이 시범을 완성해가는 또 하나의 시범자로 인식하여야 한다.

(4) 연출자(감독, 기획자)

연출자(감독)란 연극이나 방송극 따위에서 연출을 맡은 사람을 말하는데 시범에 있어서는 시범단을 대표하고 통솔하며 운영하고, 시범의 목적에 따라 시범의 연습에서 준비, 시범, 정리까지 시범 수행의 전반에 걸쳐 계획을 수립하고 시행하며 총괄하는 지도자를 말한다.
연출자는 시범단의 감독으로서 창의적인 사고를 지녀야 하고, 각각의 시범을 바탕으로 전체적인 시범으로 만들어가고 전체 시범에서 개별적인 시범이 조화롭게 나타날 수 있도록 하는 등 시범 프로그램을 구성함에 있어 시범의 목적을 달성하도록 최선의 노력을 다하여야 한다. 연

출자가 유념해야 할 사항은 다음과 같다.
- 시범의 목적과 필요성에 대한 깊은 인식
- 시범에 대한 풍부한 경험과 식견을 바탕으로 전문성을 겸비하기 위한 노력
- 솔선수범하는 자세와 강력한 리더십
- 단원들에게 신뢰와 존경을 받을 수 있는 정신자세와 행동양식
- 단원 개개인의 장단점을 파악하고 이를 전체 시범에 수용하고 조직화하려는 노력
- 단원들의 의견을 존중하는 등의 민주적인 시범단 운영
- 관중들의 눈높이에 맞는 개인과 단체시범의 유연한 배치 및 적절한 난이도 배정
- 단원의 잠재능력 파악과 발전을 위한 지원
- 안전한 훈련과 시범을 위한 준비
- 회의를 통한 평가와 대책 수립

(5) 장소

시범을 실시하는 장소는 시범 프로그램의 구성 및 운영과 실제 시범에 있어서 매우 중요하며 시범의 성공 여부에 결정적인 영향을 미친다. 줄넘기 시범의 장소는 실내와 실외로 나눌 수 있는데, 실내는 무대, 체육관, 대규모 종합체육관, 스튜디오 등이 있으며, 실외는 운동장, 특설무대, 가든, 종합운동장, 야외 공연장 등으로 분류할 수 있다.

줄넘기 시범을 수행함에 있어 장소는 시범 공간에 대한 문제 및 관중들의 관람 수월성과 밀접한 관계가 있다.

첫째, 시범공간은 시범이 실시되는 장소의 높이, 넓이, 바닥 면의 재질 등을 의미한다. 이 같은 공간은 동작 수행을 위한 움직임 선의 확보, 시범 대형의 배치, 입장과 퇴장에 관련이 있으며, 특히 바닥 면의 재질은 마찰력과 지면 반발력에 관한 문제로 도약과 착지와 같은 동작을 수행함에 있어서 동작의 완성과 줄의 회전을 제한할 수 있는 성공에 결정적인 영향을 미치게 된다.

둘째, 관중이 시범을 관람함에 있어 영향을 미치게 되는 것으로 시범을 관람하는 관중들의 눈높이를 기준으로 높고, 낮음, 평형상태, 그리고 시범 수행의 장소와 관중석과의 거리 등의 문제가 중요하다. 이와 같은 시범 장소의 상황은 관중들에게 관람의 수월성 측면에서 적지 않는 영향을 미치게 되며 시범의 내용 구성과 프로그램의 운영 그리고 실제 시범에 있어 결정적인 영향을 미친다.

• 실외 공연장, 특설무대, 실내체육관

2) 시범의 구성요소

시범자	관중	시범장소	준비
연령	연령	실내	개인줄넘기
수련경력	성별	야외	짝줄넘기
시범능력	규모		쌍줄넘기
인원	성향	특설무대	여러 길이의 긴줄넘기

시범프로그램 분류/ 줄넘기 시범공연 구성의 예

Single Rope	Wheel	Double Dutch	복합줄넘기
스피드 줄넘기	2인 줄넘기	스피드	여러 장단복합
음악줄넘기	아메리칸 휠	서브웨이	
프리스타일	차이니즈 휠	아크로바틱	아크로바틱을 응용한 퍼포먼스 줄넘기
퍼포먼스	프리스타일	프리스타일	

3 시범공연 줄넘기 안무구성

1) 기본동작을 통한 안무 구성법

(1) 양발모아뛰기와 플로그(Frog) 동작을 연결해 기본동작으로 구성한다. 시범공연에는 더블더치 줄넘기 안의 1인과 개인 줄넘기 수행자 4인으로 함께 구성한다.

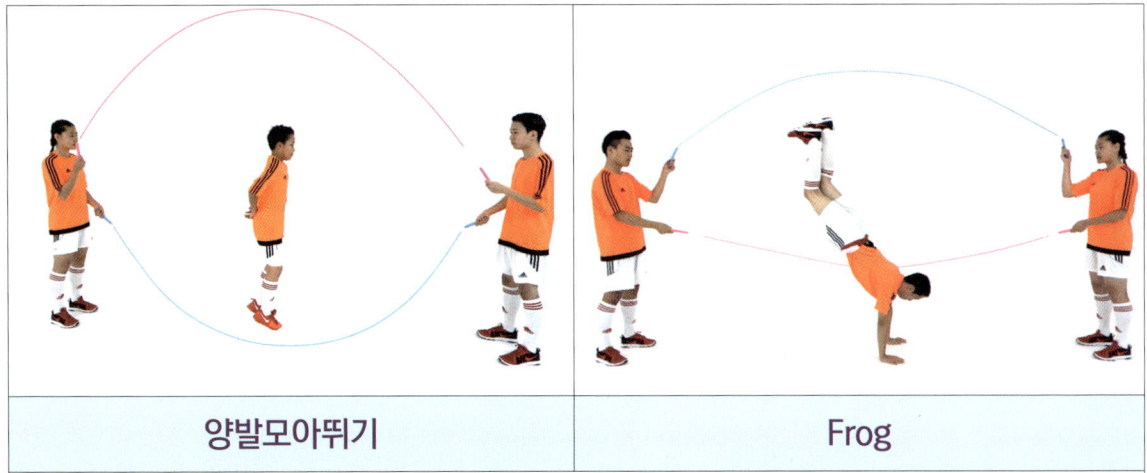

| 양발모아뛰기 | Frog |

- 7인이 함께 하는 동작으로 2인이 돌리는 Double Dutch 줄넘기 안에 1인의 수행자와 이를 중심으로 좌·우, 앞·뒤에 개인 줄넘기 수행자 4인이 함께 동일한 동작을 이룰 시 빠르게 돌아가는 줄넘기 소리에 청각적인 효과를 줄 뿐 아니라 시각적으로 화려한 볼거리를 제공할 수 있다.

- Double Dutch줄 안 수행자와 개인 줄넘기 수행자 4인이 좌·우, 앞·뒤에 위치한다.

- 번갈아뛰기10회 넘는다. 여러줄이 회전하기에 시각적인 효과는 물론 줄이 돌아가는 소리에 청각적인 효과를 관객들에게 줄 수 있다.

- 숙련도에 따라 Frog 동작을 이어 안무를 구성한다면, 줄의 빠른 스피드에 놀라고 체조동작의 화려함에 관객을 즐겁게 한다.

- 위와 같은 동작을 바탕으로 넓은 실내 체육관에서는 대형에 변화를 주어 관객들이 여러 방면에서 관람할 수 있도록 구성한다.

- 안무구성 또한 수행자의 숙련도에 따라 push up 동작으로 응용 가능하다.

- 사진출처: 군포시줄넘기시범단

(2) 긴 줄넘기 안으로 개인 줄넘기 출입 동작을 기본동작으로 한다.

긴 줄넘기 안으로 출입한 개인 줄넘기 수행자는 1회선 2도약 양발모아뛰기를 바탕으로 방향 전환 및 공간이동하기로 안무를 구성한다.

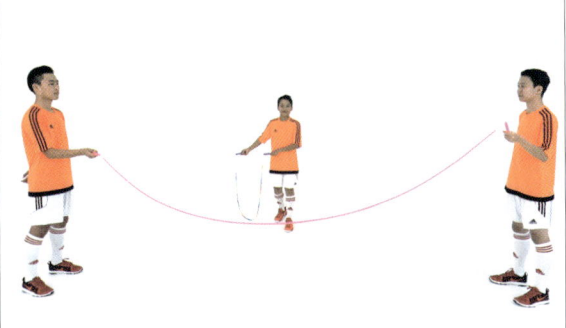

- 멈춰진 긴 줄넘기 밖에서 개인 줄넘기 수행자는 줄을 들고 준비한다.

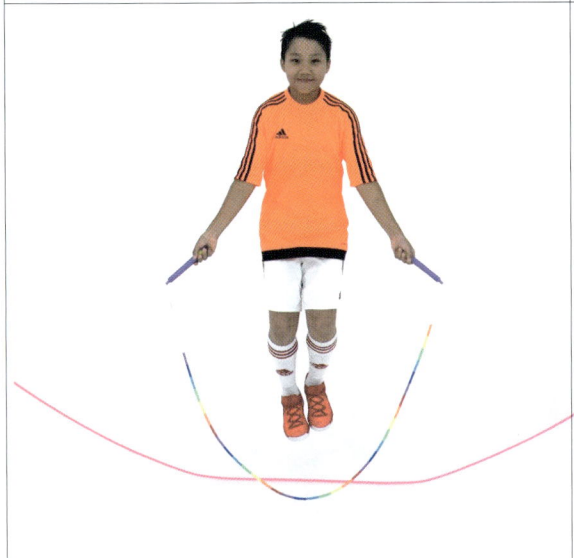

- 긴 줄넘기 안으로 출입한 개인 줄넘기 수행자는 1회선 2도약과 1회선 1도약으로 2개의 줄을 함께 넘는다. 이를 바탕으로 긴 줄넘기 3개의 손잡이를 3명이 각 각 나눠잡고 긴 줄 삼각형 형태를 만들어 출입하는 개인 줄넘기 수행자와 함께 수행할 수 있는 동작을 공연으로써의 특징을 갖고 안무를 구성한다. 또한 아래와 같이 체조동작인 옆돌기를 줄넘기 공연으로써 줄을 넘으며 수행할 수 있다.

- 긴 줄 삼각형으로 만들어진 공간에 출입할 수 있는 공간이 세곳으로 3인의 개인 줄넘기 수행자가 출입해 긴 줄넘기와 함께 줄을 넘으며 180°방향전환, 360°회전등 개인 줄넘기 동작에 변화를 주어 수행한다.

- 하나의 긴 줄넘기보다 세개의 긴 줄넘기로 삼각형을 이뤄 줄을 돌리면 넓은 공간을 충분히 활용할 수 있고, 긴 줄넘기와 개인 줄넘기 6개가 함께 회전하기에 화려함이 배가 된다.

- 삼각형으로 만들어진 긴 줄넘기 안으로 3인의 수행자가 줄 안으로 들어가 개인 줄넘기 없이 긴 줄넘기만을 넘으며 자리 이동한다. 나아가 긴 줄넘기 돌리는 방법에 변화를 주어 줄 안의 3인의 수행자는 체조동작인 옆돌기 동작으로 자리 이동하며 줄을 넘어 퍼포먼스로 승화시킨다.

- 사진출처: 군포시줄넘기시범단

(3) 긴 줄넘기 안에서 개인 줄넘기 함께 뛰기를 기본동작으로 한다.

개인 줄넘기 수행자가 점차 고난도 동작을 선보이도록 안무를 구성하며, 1인 외 다수가 함께 뛰기도 하고, 하나의 긴 줄넘기를 2개의 공간을 만들어 넘는 등 시범공연 목적과 장소에 따라 구성한다.

- 1개의 긴 줄넘기 안에서 개인 줄넘기 함께 뛰기를 기본동작으로 하여

- 양발모아뛰기부터 이중뛰기, 송골매 뛰기등 점차 고난도 동작을 수행한다.

- 줄을 돌리는 수행자도 함께 줄을 넘어 동작을 다채롭게 구성할 수 있다.

- 하나의 긴 줄넘기 안에서 개인 줄넘기 수행자 여러명이 함께 줄을 넘는다.

- 1개의 긴 줄넘기를 2개의 포물선을 만들어 각각의 공간에 2명의 수행자가 출입하여, 긴 줄넘기만 넘는 방식과, 개인 줄넘기와 함께 2개의 줄을 뛰어 넘는 방법이 있다.

(4) 더블더치 줄넘기 안에서 1인 수행자가 양발모아뛰기를 기본동작으로 한다.

줄 안에서 발 스텝 동작을 통해 현란하게 보일 수 있으며, 줄을 돌리는 사람과 줄 밖에 위치한 좌·우 수행자 5인이 함께하기 등 다채롭게 구성한다. 또한 숙련자에게 적합한 동작으로 줄을 돌리는 사람의 위치를 변화를 주어 수행하는 사람과 보는이에게 색다른 재미를 선사한다.

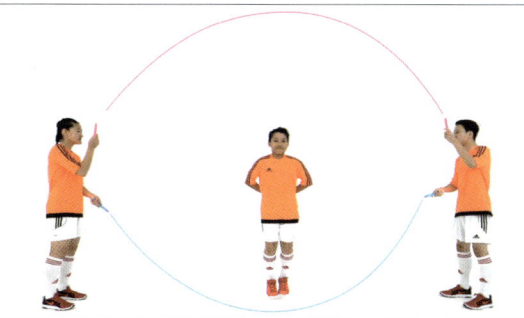

- 더블더치 안 양발모아뛰기를 기본동작으로

- 줄 안에 2명의 수행자가 동시에 발 스텝 동작을 수행한다.

- 줄 돌리는 2인, 줄 밖에 좌,우 보조수행자 그리고 줄 안에 1인이 함께 동시에 발 스텝 동작을 한다.
- 5인이 함께 발 스텝 동작을 수행하다보니 보여주는 시각적인 효과가 크다.

- 고급스킬로 줄 돌리는 1인이 뒤로 손을 엇걸은 채로 줄을 돌리며 줄안에 수행자는 발 스텝 동작을 이룰 수 있다.

- 사진출처: 군포시줄넘기시범단

(5) 더블더치 줄넘기 안에서 개인 줄넘기 수행자는 모아뛰기를 기본동작으로 한다.

개인 줄넘기 동작을 수행하는 사람의 숙련도에 따라 AS부터 Toad, Megan, 나아가 Eb Toad에 랩을 응용해 회전하는 다중뛰기 등 다채롭게 구성한다.

	• 더블더치 안 양발모아뛰기를 기본동작으로
	• 개인 줄넘기 기술동작인 AS
	• 개인 줄넘기 기술동작인 Megan
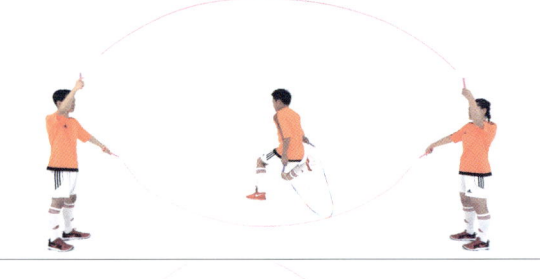 	• 고급스킬로 개인 줄넘기 수행자가 랩동작을 응용해 360회전하여 다중뛰기가 가능하다.

(6) 2인 1줄 줄넘기로 번갈아 줄을 넘는 동작을 기본동작으로 한다.

줄넘기를 다양한 방법으로 넘으며 방향을 전환하기도 하고, 줄을 돌리는 위치에 변화를 주어 수행자는 어렵지 안되 시각적으로 화려하게 보이도록 안무를 구성할 수 있다.

	• 2인 1줄 번갈아뛰기를 기본동작으로
	• 방향을 전환하며 줄을 넘는다.
	• 줄을 넘을 수 있는 방법은 여러 형태
	• 줄을 돌리는 사람이 자리를 이동하며 줄 회전이 연결된다.
	• 고급스킬로 줄을 돌리는 사람이 자리를 이동하며 상대가 줄을 넘을 수 있게 돌려준다.

• 사진출처: 군포시줄넘기시범단

(7) 3인 1줄 줄넘기를 바탕으로 동작을 구성한다.

줄 안에 수행자가 양발모아뛰기부터 손 동작과 파워동작을 응용한 퍼포먼스, 나아가 3인이 동시에 수행 가능한 동작으로 안무를 구성한다.

	• 이 동작을 기본 동작으로 공연에서는 다음과 같이 할 수 있다.
	• 개인 줄넘기 또는 긴 줄넘기 놀이로 많이 하는 꼬마야 율동을 응용한 동작이다.
	• 3인 1줄 줄넘기 안에서 수행자는 Push up 동작을, 양 옆에 있는 수행자는 줄을 머리위로 올려 공회전 시켜주며 시각적인 효과를 극대화 해준다.
	• 세명의 수행자가 손을 서로 바꾸는 동작으로 먼저 두명의 수행자가 번갈아 줄을 넘으며 손을 다리사이에서 바꾸며 동작을 연결한다.
	• 양 옆에서 긴 줄넘기를 돌리는 사람들은 다리 사이에서 손 스위치를 통해 줄을 돌리며, 개인 줄넘기 수행자는 Toad동작으로 긴 줄넘기와 함께 넘으며 다양한 줄넘기 방법을 선보일 수 있다.

• 사진출처: 군포시줄넘기시범단, 세계줄넘기교육개발원

(8) 4인2줄 나란히뛰기를 기본동작으로 한다.

같은 길이의 2개 줄넘기를 여럿이 나란히뛰는 동작을 바탕으로 3개의 길이가 서로 다른 줄넘기를 5인이 함께 뛰기 등 긴 줄넘기와 개인 줄넘기를 접목한 동작을 시범공연 장소와 크기에 따라 구성할 수 있다.

	• 2개의 줄넘기를 4인이 나란히뛰는 것을 기본동작으로
	• 5인3줄 번갈아뛰기 : 긴 줄넘기 1개, 중간길이 줄넘기 1개, 개인 줄넘기 1개로 중간 줄넘기의 두명에 수행자는 줄을 양 옆으로 번갈아서 돌려주며 넘는다.
	• 5인 2줄 나란히뛰기 : 긴 줄넘기 1개, 개인 줄넘기 2개로 3명의 수행자가 함께 넘으며 가운데 사람을 중심으로 양 옆에 수행자는 360회전하며 줄을 넘어 동작을 이룬다.
	• 6인4줄 나란히뛰기 : 긴 줄넘기 2개, 개인 줄넘기 2개로 4인이 2개의 긴 줄넘기를 시작하여 만들어진 공간에 개인 줄넘기 수행자 2인이 줄 안으로 출입해 옆나란히 상태에서 6인이 줄을 돌리고 4인이 줄을 넘는다.

• 사진출처: 군포시줄넘기시범단, 세계줄넘기교육개발원

(9) 긴 줄넘기 안에 2인 1조 한팀으로 목마를 태워 줄을 넘는 동작을 기본으로 짐네스틱 동작을 접목해 다음과 같이 구성할 수 있다.

	• 2인 1조로 목마를 타고 긴 줄넘기를 넘는 것을 기본동작으로
	• 6m이상의 긴 줄넘기 안에서 목마 1팀과 좌,우에 위치한 2명의 수행자가 Forg(물구나무서기) 동작을 함께 이룬다. • Forg동작의 발을 뻗는 타이밍에 목마팀의 손 동작을 더하면 공연안무로서 완성도를 높일 수 있다.
	• 위와 같이 6m이상의 긴 줄넘기 안에서 목마 1팀과 좌·우에 각각 1명의 수행자가 다리를 위로 올려 함께 줄을 넘는 동작을 이룰 수 있다.
	• 긴 줄넘기 안에서 3개의 줄이 차이니즈 휠 형태로 회전하며 함께 넘는다.

• 사진출처: 군포시줄넘기시범단, 세계줄넘기교육개발원

- 목마 1팀 중심으로 좌,우에 2인 1조가 한팀이 되어 뒤로 덤블링하는 동작을 수행할 수 있다.

- 2개의 줄이 반회선 차이로 회전하는 더블더치 줄넘기 안에서 줄 회전 공간이 크지 않기에 가운데 사람이 목마를 태우지 않는 것이 좋다. 대신 가운데 사람은 양팔을 뻗어 보조수행자의 지지대 역할을 도와 뒤로 덤블링하며 줄을 넘는다.

- 숙련자의 경우 목마위 수행자가 뒤로 덤블링하는 수행자와 동일한 박자에 회전하여 내려오는 동작을 수행할 수 있다.

- 사진출처: 군포시줄넘기시범단, 세계줄넘기교육개발원

(10) 긴 줄넘기 안에 목마를 2인 1조 2팀으로 줄을 넘는 동작을 기본으로 다음과 같이 구성할 수 있다.

	• 2인 1조 목마 2팀과 수행자 1명이 3개의 줄넘기의 손잡이를 서로 나누어 갖고 반회선 차이인 차이니즈 휠로 줄을 돌리며 긴 줄넘기와 함께 줄을 넘는다.
	• 실제 공연에서 그대로 사용할 수 있다.
	• 숙련된 경우 목마 2 팀 앞에 각각의 수행자가 마주 보고 서서 긴 줄넘기와 아메리칸 휠로 돌아가는 2개의 줄넘기 안으로 출입해 함께 넘는다.
	• 출입한 수행자는 다른 수행자와 함께 같은 방향을 바라보며 줄을 멈춰 엔딩포즈를 취한다.

• 사진출처: 군포시줄넘기시범단, 세계줄넘기교육개발원

(11) 터너동작

터너동작은 "ㅡ", "十" 형태로 수행할 수 있으며 참여인원의 숙련도에 따라 동작을 구성한다.

	• 2개의 긴 줄넘기가 반회선 차이로 돌아가는 더블더치 줄넘기 안에서 '十' 형태의 2인 터너
	• 위와 같은 동작을 수행하더라도 지면에 따라 줄을 돌리는 방법이 달라지기에 터너동작을 야외 트랙에서 수행할 시 팔의 움직임에 따라 손목 스냅을 이용할수 있는 스킬이 동작의 완성도를 높힌다.
	• 1개의 긴 줄넘기로 '-' 형태의 2인 터너
	• 2개의 더블더치 줄넘기로 '十' 형태의 3인 터너
	• 1개의 긴 줄넘기로 '十' 형태의 4인 터너

• 사진출처: 군포시줄넘기시범단, 세계줄넘기교육개발원

2) 기본동작을 응용한 루틴 예시

더블더치 줄넘기 안으로 출입해 수행자는 파워동작과 터너동작을 단계별로 수행하며 일정한 순서인 하나의 루틴을 구성할 수 있다.

더블더치 줄넘기 출입하는 동작부터 다음 동작을 연결하며 하나의 루틴 공식을 구성한다.

(1) 2인 수행자는 더블더치 줄넘기를 돌리는 두 수행자의 어깨를 짚고 줄넘기 안으로 출입한다.
(2) 출입한 2인 수행자는 정면을 향해 파워동작중 Frog skill을 수행한다,
(3) 1인이 방향 전환하여 형태를 변화시켜 수행한다.
(4) '十' 터너 동작으로 연결한다.

위에 루틴은 하나의 예시로 수행자의 숙련도에 따라 동작을 다양하게 구성할 수 있다.

4 공간을 활용한 시범 구성

1) 실내

넓은 실내 체육관은 줄넘기가 돌아갈 수 있는 공간이 충분하기에 개인 줄넘기의 경우 줄을 던져 받는 릴리즈 동작부터, 스윙, 람바 등의 동작들을 줄 회전을 통해 화려하게 변화시켜 수행한다. 또한 공간에 따라 앞·뒤, 또는 옆으로 4개 이상의 겹쳐진 줄넘기를 넘을 수 있고, 긴 줄넘기 회전을 뒤에서 시작해 무대 앞으로 나오는 동작으로 관객의 기대수치를 높일 수 있다.

시범공연에 있어 공간의 너비 및 높이에 따라 줄을 넘는 무등 팀부터 여러명이 함께 뛰는 단체 복합 줄넘기 등 공연에 적절한 동작을 구성하여 화려하게 표현할 수 있다.

- 실내체육관 경우 개인 공간을 충분히 활용할 수 있기 때문에 줄의 한 손잡이를 돌려서 잡는 릴리즈 동작부터, 두손을 바닥에 대고 하늘을 향해 두발을 차는 Forg동작, 한손 등뒤, 한손 다리사이에서 줄을 돌려 넘는 응용동작까지 가능하며, 개인 공간이 충분하기에 대형변화를 통해 1인에서 2인으로 짝을 이뤄 동작을 연결할 수 있다.

□ 2인, 3인이 한개의 줄넘기를 이용한 시범구성

하나의 줄넘기를 통해 2인, 3인이 함께하는 동작으로 공간에 구애받지 않고 줄넘기를 회전하고 뛰는 방식을 다양하게 구성할 수 있어, 시각적 효과를 극대화할 수 있다.

□ 긴 줄넘기를 이용한 시범구성

공간에 구애받지 않기에 줄이 돌아갈 수 있는 높이와 너비에 따른 줄 회전은 다양한 동작들을 가능하게 한다. 긴 줄넘기와 함께 비보잉 댄스, 긴 줄넘기 안에서 여럿이 함께 뛰기, 무등팀과 Forg 동작, 무등팀과 3인 차이니즈 휠 등을 구성할 수 있다.

□ 더블더치를 이용한 시범구성

더블더치 줄넘기를 형성하는 2개의 긴 줄넘기가 줄을 돌리는 2인의 형태에 따라 줄 안에 수행자 2인도 아래와 같이 손 동작을 통해 회전하며 줄을 넘는다.

더블더치 줄넘기는 2개의 긴 줄넘기가 반회선 차이로 지속적으로 회전하기에 시각적인 효과가 크다. 이러한 더블더치 줄넘기를 2팀으로 구성해 공간에 따라 앞·뒤, 또는 옆으로 좌·우, 및 대각선으로 배치하여 서로 다른 동작을 수행할 수 있게 한다.

아래와 같이 더블더치 줄넘기 안에서 개인 줄넘기 이중뛰기, 2인 파워, 3명이 2개의 줄넘기로 차이니즈 휠로 넘으며 360'회전하기 등 넓은 공간에서 수행 가능한 동작들로 안무를 구성한다.

• 사진출처: 군포시줄넘기시범단, 세계줄넘기교육개발원

　마주 보고 선 2인이 2개의 줄넘기를 같은 방향으로 돌려 줄 안의 1인의 수행자가 넘은 뒤, 2개의 줄넘기 중 하나의 줄을 던져 마주 보고 선 다른 사람이 받아 3인이 차이니즈 휠로 자리이동, 회전동작으로 연결할 수 있다.

□ 대형변화에 따른 시범구성

 개인 줄넘기와 긴 줄넘기가 함께 대형을 이룰 시 각 동작의 특징이 가장 잘 보이는 H대형, U대형 등이 있고, 개인 줄넘기로는 10인 옆으로 나란히 횡대 대형에서 2인 1팀으로 변화주기, 동그라미 대형, 세로 한 줄인 종대 대형, 십자 대형에서 많은 응용되는 크로스 대형 등 공간 이동이 가능한 범위 내에서 여러 형태의 대형 변화를 이룰 수 있다.

☐ 시범구성에 따른 엔딩포즈

작품의 엔딩은 경연대회, 시범공연 목적에 맞춰 연출할 수 있으며, 시범경력, 참여인원, 장소, 음악, 관중의 연령과 성별, 규모에 따라 아래와 같이 구성할 수 있다.

2) 실외

　사방이 트여있는 야외 공연의 경우 관객을 줄넘기 공연에 집중시키려면 첫 번째, 음악 선정, 두 번째는 화려한 줄넘기 동작으로 시작하여 관객의 시선을 사로 잡는 것이다. 그리고 바닥(지면)마찰에 의해 줄이 변형되어 걸리기 쉬우니 이를 충분히 숙지하여 시멘트 바닥, 잔디밭 등 장소에 따라 동작으로 수정, 보완하여 공연의 완성도를 높이는 것이 좋다.

지면이 잔디인 바닥에서 줄을 돌리는 것은 쉽지 않다. 개인 줄넘기의 경우 줄 스윙을 통한 동작을 구성하여 화려하되 지면과 마찰을 적게 하고, 긴 줄넘기를 돌릴 경우 바닥을 스쳐 올리는 것을 박자로 잡아 수행하는 것이 좋으며 이때 복합 줄넘기 전체를 리드하는 것은 팀의 1인으로 모든 팀원은 그의 구령에 따라 동작을 수행하는 것이 완성도를 높일 수 있다.

　트랙의 경우는 줄이 바닥을 치면서 회전하는 것이 아니라 줄이 위로 튕겨져 올라온다. 그렇기에 개인 줄넘기 동작에서는 팔의 움직임보다 손목회전이 비중이 크며, 긴 줄넘기 및 단체 복합 줄넘기에서는 팔을 돌리는 비중이 더 크다. 줄넘기의 줄 길이마다 돌리는 방법이 다르며, 이 방법을 익혀 줄이 지속적으로 회전할 수 있게 하는 것이 중요하다. 긴 줄넘기를 포함한 장단 복합 줄넘기에서는 중간에 위치한 줄넘기 돌리는 사람이 숙련자로 팔을 이용해 긴 줄넘기와 중간에 위치한 줄넘기를 함께 돌려주는 것이 동작의 완성도를 높일 수 있다.

　야외 특설무대는 실내 특설무대와 안무 구성이 다르게 한다.

개인 줄넘기, 2인 줄넘기, 긴 줄넘기의 구성 비율이 다르며 행사의 목적에 따라, 관객 연령에 따라 곡을 선정하여 호응도를 이끌어 낸다. 또한 야외 특설무대의 장점인 높이를 제한 없이 이용해 두 손으로 줄을 하늘을 향해 던지는 람바 동작, 줄 회전을 이용한 화려한 스윙동작을 다채롭게 표현할 수 있다.

3) 특설무대

특설무대는 실내와 실외 모든 장소에서 시선을 집중시킬 수 있어 관객의 호응을 이끌어 내기에 충분하다. 무대 규격이 각기 다르기에 공연으로써 사용 가능한 너비와 높이를 가장 먼저 확인하여 시범공연에 참여할 인원과 그에 따른 안무를 구성한다.

공연 목적에 따라 줄을 이용한 창작 퍼포먼스로 연출할 수 있으며, 무대효과를 통해 화려하고 완성도 높은 공연을 선보일 수 있다.

무대를 바라보는 관람자들의 시선에서 동작을 이해하기 쉽게 정면 동작으로 구성한다.

줄넘기 동작과 조화를 이루는 무대효과로는 조명을 이용하기도 하고, 무대 하단 등에서 분사기를 통해 흰색 연기 기둥을 만드는 이산화탄소(CO_2) 특수효과, 강력하고 역동적인 무대 연출 시 사용되는 불기둥 특수효과 등 적절한 음향과 조명, 무대 특수효과까지 갖춰지면 아래와 같이 줄넘기 시범공연으로써의 질을 향상시킬 수 있다.

• 사진출처: 군포시줄넘기시범단, 세계줄넘기교육개발원

긴 줄넘기를 하나 또는 여러 개를 복합 형태로 돌리며, 줄을 이동해 넘는 동작부터 Gymnastic skill을 포함한 여러 방법으로 넘을 수 있다.

• 사진출처: 군포시줄넘기시범단, 세계줄넘기교육개발원

줄을 퍼포먼스 동작으로 해석하여 다양하게 연출할 수 있다.

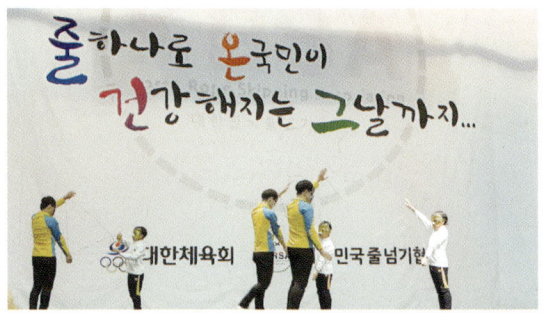

2인 1조가 한 팀이 되어 이루는 동작으로 고도의 훈련을 통한 숙련자가 수행하는 것이 좋다.

- 사진출처: 군포시줄넘기시범단, 세계줄넘기교육개발원

참·고·문·헌

1. 대한민국줄넘기협회(2020). **줄넘기 여행**. 서울: 씨마스.

2. 대한민국줄넘기협회(2023). **줄넘기 심판강습회 교재**. 서울: 대한민국줄넘기협회.

3. IJRU(2023). **Internationa lJump Rope Union.** https://ijru.sport.

4. 양혜진(2021). 대회 요강 분석을 통한 줄넘기 경기대회의 변화와 발전. **한국스포츠학회지, 19**(4), 743-754.

5. 양혜진, 임신자(2021). 청소년 줄넘기선수들의 심리적 발달요인과 지속 동기 탐색. **한국발육발달학회지, 29**(3), 415-426.

6. 양혜진, 임신자(2023). 청소년 줄넘기선수들의 참여 동기와 신체적 발달요인 탐색. **한국체육과학회지, 32**(2), 309-322.